2023年
中国互联网学习发展报告

——青岛区域发展报告

教育部教育管理信息中心
青岛市教育局   编著

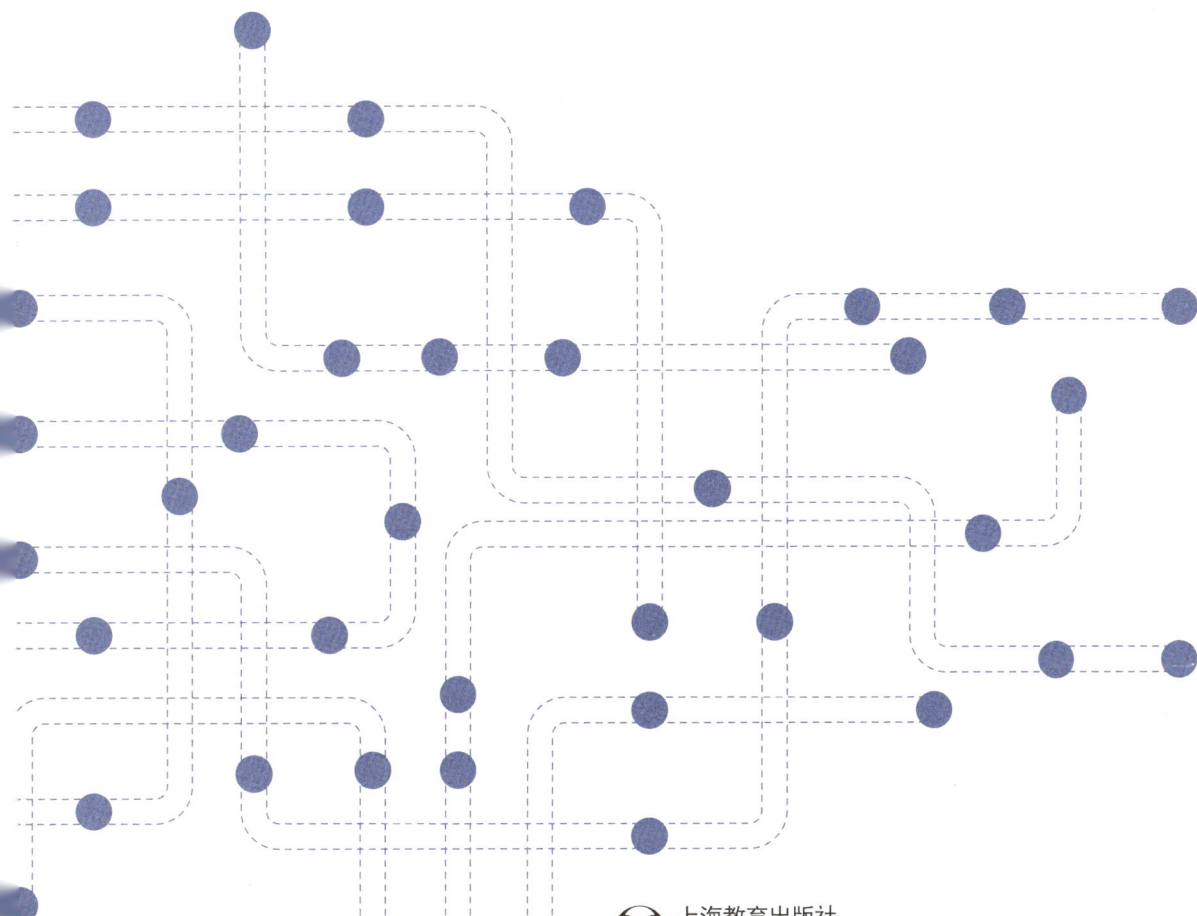

上海教育出版社
SHANGHAI EDUCATIONAL
PUBLISHING HOUSE

图书在版编目（CIP）数据

2023年中国互联网学习发展报告. 青岛区域发展报告/ 教育部教育管理信息中心，青岛市教育局编著. — 上海：上海教育出版社，2024.4
ISBN 978-7-5720-2613-3

Ⅰ.①2… Ⅱ.①教… ②青… Ⅲ.①教育工作－信息化－研究报告－中国－2023 Ⅳ.①G52

中国国家版本馆CIP数据核字(2024)第075358号

策划编辑　刘美文
责任编辑　姜一宁　刘美文
封面设计　周　亚

2023年中国互联网学习发展报告——青岛区域发展报告

教育部教育管理信息中心　青岛市教育局　编著

出版发行　上海教育出版社有限公司
官　　网　www.seph.com.cn
地　　址　上海市闵行区号景路159弄C座
邮　　编　201101
印　　刷　常熟市华顺印刷有限公司
开　　本　889×1194　1/16　印张 9.5
字　　数　193 千字
版　　次　2024年7月第1版
印　　次　2024年7月第1次印刷
书　　号　ISBN 978-7-5720-2613-3/G·2304
定　　价　88.00 元

如发现质量问题，读者可向本社调换　电话：021-64373213

编　委　会

主　编

姜元韶　中共青岛市委教育工委常务副书记，青岛市教育局党组书记、局长

执行主编

李晓元　青岛市教育局总督学

副　主　编

卢丛波　青岛市教育装备与信息技术中心主任

编　委

臧方青　青岛市教育装备与信息技术中心副主任

李晓梅　青岛市教育装备与信息技术中心主任助理

黄广岳　青岛市教育装备与信息技术中心网络信息部主任

陈凯泉　中国海洋大学教育系教授

前　言

习近平总书记在第二十届中共中央政治局第五次集体学习时强调："教育数字化是我国开辟教育发展新赛道和塑造教育发展新优势的重要突破口。"党的二十大报告提出"推进教育数字化，建设全民终身学习的学习型社会、学习型大国"。在互联网、大数据、人工智能等技术的赋能和推动下，教与学的样式正经历着深刻重塑，"人人皆学、处处能学、时时可学"的愿景正加速形成，互联网学习已成为解决教育中的两大关键问题"终身学习"和"教育公平"的重要手段。

作为全国智慧教育示范区创建单位，青岛市积极响应国家政策，将互联网学习作为推动教育现代化的重要举措，不断探索、循光而行、拔节生长，在数字化转型之路上获得了沉甸甸的收获。青岛市高度重视数字教育工作，把"数字教育"纳入"数字青岛"整体规划，将"实施智慧教育赋能行动"纳入《青岛市基础教育优质资源倍增三年行动计划》的十大工程。印发《青岛市"国家智慧教育示范区"创建行动计划（2022—2024 年）》，出台《青岛市基础教育数字化赋能教学创新行动计划（2023—2025 年）》，营造智慧教育新生态。

青岛市建成"云管端"协调发展的数字化基础设施——教育"混合云"，是自建私有云和公有云相融合的云基础设施（包含服务器、存储、虚拟化等设施），用于支撑以青岛教育 e 平台为核心的各类教育信息系统，充分发挥私有云安全私密的特性，以及公有云灵活弹性的优势。教育"混合云"、教育城域网和多样化智能教学终端为数字教育、互联网学习奠定坚实基础。打造一站式数字教育支撑基座——青岛教育 e 平台，打通各级各类信息系统、教育数据和教学资源，服务全市教育管理和教学。打造名师导学、"青快学"等市级资源，集成智慧作业、虚拟班级等教学工具，支撑备课、授课、做作业、课后辅导等不同教学场景。全市教师数字化教学资源和平台使用日趋常态化，学生互联网学习从基础应用、被动学习、单一学习发展为深入参与、主动探究、多元互动，青岛市互联网学习蓬勃发展。

由教育部教育管理信息中心主导，各地教育部门和相关高校参与编写的《中国互联网学习发展报告》(原名《中国互联网学习白皮书》)，深入挖掘、全景呈现了我国互联网学习发展历程，有力推动了我国数字教育发展进步。青岛市自 2017 年加入《中国互联网学习发展报告》编写项目，并成为全国唯一的互联网学习研究工作站，连续多年参与报告编写、发布等工作。借助《中国互联网学习发展报告》这一研究和交流平台，不断借鉴各地优秀经验和专家指导意见，全面掌握青岛市互联网学习整体状况，深刻剖析数字教育发展存在的问题，有力推动了青岛市互联网学习和数字教育的发展进步。

目 录
CONTENTS

第一章

CHAPTER 1
青岛市互联网学习发展概述

互联网已经渗透到我们生活的各个领域中，其中教育领域的改变也日益显著。青岛市作为我国重要的经济中心城市，互联网学习的发展也呈现出蓬勃的态势。青岛市以建成国家智慧教育示范区为指引，推进信息技术与教育教学、教育管理深度融合，加快开发优质网络教育资源，建立灵活开放的教育服务体系和教育云资源平台。通过构建以教育信息化带动教育现代化的机制，青岛市致力于打造新的教育优势。重点包括构建人工智能教育课程体系、完善基础环境、汇聚教育资源、发展专业教师队伍、提升全民人工智能素养并培养专业人才，争创全国人工智能教育示范引领城市。积极实现数字智能技术对学校运行的全面管理、动态跟踪和实时监控，深入探索教育数据多层次应用，让教育数据"可汇、可管、可用"，实现教育数据"可视化、助决策"。

从政策层面来看，青岛市政府高度重视互联网学习的发展。随着信息技术的快速发展，互联网学习已成为解决教育中的两大核心问题——"终身学习"和"教育公平"的重要手段。伴随着智能化时代的到来，智能教育作为人工智能国家战略的重要组成部分，其利用人工智能变革传统教育已成为国际共识。在 2022 年，青岛市出台了一系列关于推动互联网学习的政策措施，包括提供资金支持、优化网络环境、加强师资队伍建设等，为互联网学习的发展创造了良好的政策环境。

从基础设施建设来看，青岛市在互联网学习基础设施建设方面也取得了显著的成果。为响应国家政策，青岛市教育局以建设人工智能教育标杆城市和创建国家智慧教育示范区为目标，聚焦智慧赋能和人工智能教育，推进教育数字化转型，助力教育高质量发展，将"推进智慧教育赋能"作为全市基础教育优质倍增发展十大重点任务之一。为此，青岛市加大了对互联网学习平台的投入，不仅提升了平台的稳定性和安全性，还丰富了平台的功能，使得学生可以更加便捷地进行在线学习。

青岛市在互联网学习资源建设方面也做出了积极的努力，整合了各类优质教育资源，包括教学资源、学习资源等，青岛市利用互联网平台向广大学生提供了丰富多样的学习机会。青岛市还积极推动互联网与教育的深度融合。近些年来，青岛市鼓励学校利用互联网技术进行教学改革，推广精准教学、虚拟现实技术的教学应用，提高了教学效果。

总的来说，青岛市在 2022 至 2023 年的互联网学习发展领域取得了显著的成果，但也面临一些挑战。例如，如何保证互联网学习的质量和效果？如何满足不同学生的学习需求？如何改善基础保障和信息化教学支持的不足？如何提升师生的数字化素养并增强家长和社会对技术支持学习的认知？青岛市将在已取得的成效的基础上，坚持"应用为王"，结合教育信息化发展趋势，以数字化赋能智慧教育，继续推动互联网学习的发展，努力提高互联网学习的质量和效果，为学生提供更好的学习环境和资源，切实提升互联网学习的效果。

1.1 报告编制的基本情况

本报告的编制基于大量的问卷调查数据、案例资料、走访调研的访谈资料展开，同时又对近些年互联网学习、教育信息化、教育教学数字化转型方面的相关文献资料进行了梳理。

1.1.1 问卷设计

为更好地了解青岛市基础教育领域的互联网学习发展情况，本次调研进行了精心的问卷设计工作。在进行问卷设计之前，本团队对青岛市的互联网学习现状进行了初步调研，并据此确定了问卷的核心问题及重点内容。基于 CASE 分析模型以及当前基础教育阶段互联网学习现状的重点问题为设计依据，编制和修订了学生、教师、管理者三个维度的线上调研问卷。CASE 分析模型是基于四个维度对教学相关人员的互联网教学能力水平进行评价的指标体系，由教师 CASE 指标体系和学生 CASE 指标体系两个指标体系构成。

CASE 模型的核心结构为学生 CASE 指标体系，拓展结构为教师 CASE 指标体系。学生 CASE 指标体系中"CASE"这四个字母分别对应互联网学习能力、互联网应用能力、互联网学习服务、互联网学习环境四个维度。"C"互联网学习能力是指学习者有效利用互联网开展学习所需的能力，主要对学习者的设备与软件操作能力、信息与数据素养、交流合作能力、内容创造能力、策略性学习能力、互联网安全意识六个维度进行评测。"A"互联网学习应用是指学习者在学习中应用互联网的意愿、策略与效果，主要对学习者的互联网的应用意愿、应用频率、应用方式、应用效果四个维度进行评测。"S"互联网学习服务是指学习者在互联网学习过程中所获得的学习服务，主要针对学习者在使用互联网学习中所涉及的学习策略、学习评价、获得的帮助，以及学习者自身的动机与情感四个维度进行评测。"E"互联网学习环境是指支持学习者互联网学习开展所需的资源与技术环境，主要对学习者所处的互联网资源环境和技术环境进行评测。

教师 CASE 指标体系中"CASE"这四个字母分别对应互联网教学能力、互联网教学应用、教师专业发展支持、互联网教学环境四个维度。"C"互联网教学能力是指教师有效开展互联网教学所需的能力，主要对教师的互联网技术操作能力、互联网教学资源整合能力、互联网促进教学方法策略、使用互联网赋能学习者能力、利用互联网开展学习评价能力、互联网支持专业发展能力这六个维度进行评测。"A"互联网教学应用是指教师在教学中应用互联网的意愿、策略与效果，具体包括对教师在教学过程中对互联网技术及资源的应用意愿、应用方式、应用效果及应用频率等四个评测维度。"S"教师专业发展支持是指教师为提升互联网教学能力所需的专业发展支持，包括对教师参与相关互联网教学培训活动、活动参与效果以及互联网对教师共同体建设所提供的有效支持三个方面进行评测。"E"互联网教学环境是指支持互联网教学开展所需的资源与技术环境，主要对教师开展教育教学所依托的互联网资源环境和技术环境两大方面进行评测。

1.1.2　抽样方案及问卷发放

本研究的抽样设计方案是团队成员在综合考虑被调查者的特点、抽样方法、样本大小、调查工具和数据分析等多种影响因素后进行设计的，目的是确保数据结果的可靠性。本次问卷采用线上发放问卷的方式，为保证样本数据的代表性，本次调查综合考察基础教育阶段的学生、教师，学校的学段、地区以及城乡分布情况。在排除无效数据的基础上，采用二阶段分层抽样和整群抽样相结合的方法，在小学、初中、高中分层的基础上进行区县及城乡二阶段分层。为了更好地了解教与学的关系，被抽中的学生所在班级的老师、所在学校的管理人员均纳入被抽样范围，调查对象包括被选择班级的学生、教师和学校管理人员。本次调查共收到青岛市《2023 年基础教育互联网学习现状调查问卷》学生问卷 13 549 份，教师问卷 1 752 份以及学校管理者问卷 176 份。其中学生、教师以及管理者问卷的内部一致性信度系数 Cronbach α 分别为 0.953、0.951 以及 0.979（大于 0.7 为可靠），在对三份问卷数据检验分析后发现，三份问卷的量表均表现出较高的信度和良好的结构效度。

1.1.3　案例征集及走访调研

本次案例征集是从区（市）、学校、课程教学、新场景和特色发展层面遴选适当的案例，梳理了青岛市教育 e 平台及各区（市）汇集的案例，再开展回访和多层级访谈，深度挖掘案例。

为更加顺利地完成本次调研工作，研究团队设计了学生、教师、管理者、家长四个维度的访谈提纲，以便从多角度了解受访者的需求和期望，并得出更准确的结果。研究团队对不同受访对象的身份背景、教育经历、专业领域等特点进行调查，设计访谈提纲，走访调研区（市）、学校总计 20 余个，以半结构访谈为主，根据各单位情况提出更有针对性的问题，以此来多维度地了解当前青岛市基础教育学段互联网教学的发展现状。

1.2　互联网学习发展概述

1.2.1　教师对数字化教学资源和平台的使用日趋常态化

青岛市政府积极响应国家政策，推进中小学智能教学终端的配备与应用，全市已建成 1 700 余个同步课堂教室，953 间数字化实验室、学科教室和虚拟仿真实训室，688 间人工智能实验室。此外，青岛市还持续推进 Pad 课堂、交互式电子白板和 VR/AR 智慧化教学设备方面的建设。

青岛市在教育领域积极引入智能技术，以实现教学的精准化和个性化。在生物和地理学科中，学校尝试使用 VR 技术，将虚拟现实首次引入高中课堂，为学生提供全新的学习体验。在作业设计方面，学校通过智能技术赋能作业设计精准化，减轻学生过重的课业负担，提高学生的学习效率。部分学校还利用点阵笔技术进行课堂数据采集，推动精准化教学。学校巧用数字化学科工具，实现高效课堂教学。

在上述政策与环境支持的背景下，青岛市中小学教师已具备比较强的数字化意识，普遍认识到数字化教学的重要性，并能有意识地利用数字化手段进行教学。大部分青岛市基础教育学校的教师的互联网信息素养较高，能够根据所处的信息平台环境获取符合教学需求的多样化网络教学资源。如图 1-1 所示，2023 年青岛市和全国基础教育阶段教师互联网应用意愿的调查对比分析可以看出：（1）在青岛市，有较高比例的教师表示经常使用互联网开展教学（完全符合 46.99%，比较符合 39.94%），这显著高于全国平均水平（完全符合 30.50%，比较符合 49.80%）。这可能意味着青岛市的教育环境提供了更好的技术支持和资源，教师也可能接受了更多相关培训，从而更加倾向于采用互联网教学方法；（2）与全国数据对比，虽然全国的数据

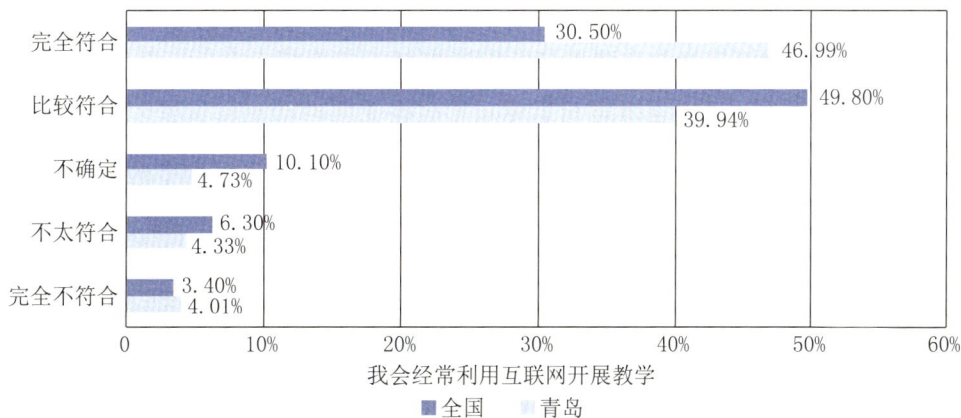

图 1-1　2023 年青岛市和全国基础教育阶段教师互联网教学应用意愿对比

也显示了积极的趋势，但青岛市的教师在互联网教学应用上的积极性更高。

青岛市中小学教师积极使用以国家中小学智慧教育平台、省级教育资源公共服务平台以及市级教育资源公共服务平台为代表的数字化教学资源和平台。青岛市基础教育学校的教师对于平台基础设施的教学活动开展的满意程度较高，认为现有的包括课堂派、雨课堂、钉钉等在内的互联网技术平台能够支持自身的互联网教学活动需求，并积极使用教学素材类资源、在线教学类工具、资源制作类工具开展互联网教学。

多数教师对互联网教学应用持积极接纳、主动推进的态度，对开展互联网教学有着比较强的意愿，会在实际教学中经常开展互联网教学，并留有进行互联网教学的准备工作时间。基于移动端的"翻转课堂"，基于资源应用的无终端混合式学习，以及基于教学系统的线上教学等信息化智慧教学模式已初步形成。采用翻转课堂、探究教学等线上线下混合的教学形式已经成为教师的主要教学形式，教师在课堂教学中经常利用互联网提供的资源和工具。与此同时，借助互联网教学平台与资源，教师能利用互联网开展例如随堂测试、虚拟实验、课堂交流互动、投票等各种教学活动，也能分享学习资源、发布学习任务、展示并点评学生作业、提供在线学习辅导与学习反馈。

在互联网教学中，有的教师会借助智慧平板记录学生的学习情况，及时掌握学生的学习进度和问题，以便更好地调整教学策略，提高课堂教学效率，真正做到平板教学助力因材施教，推进个性化学习。有的教师借助交互式电子白板优化课堂结构，增进与学生的课堂互动。不少教师把交互式电子白板作为日常教学的标配设备，并充分挖掘其功能，以实现教学内容的数字化和互动化。教师能够根据教学目标与方法合理改编或制作互联网教学资源以及搜索与选择合适的互联网教学资源，也能熟练掌握教学所需的多种技术工具从而支持开展在线教学。在利用互联网开展多种类型的教学活动的同时，教师能够加强自身与学生之间的互动与交流，以及时为其提供有针对性的指导，实现个别化和差异化的教学，从而赋能学习者。教师能够利用互联网对学生进行过程性评价和总结性评价，还能通过收集与分析学生的互联网学习数据来合理调整教学策略，借助互联网相关资源与课程持续促进自身专业发展。

综上所述，教师将数字化教学资源和平台纳入教学实践已成为一种常态。他们不仅在思想认识上高度重视，而且在实际教学中也广泛应用。同时，他们对资源和平台的优化及完善也提出了一些建议和期望。

1.2.2 学生对互联网学习的使用更为普遍和深入

随着青岛市基础教育信息化建设的不断推进，学生可在课上使用平板和交互式电子白板进行学习和互动。Pad 为学生提供了丰富的教学资源，在教学过程中，学生可以利用 Pad 加载各种教学资源，如图片、音频、视频等，进而生动直观地感受每节课的教学内容，提高自己的学习兴趣和效果，并根据自身的学习情况和需求进行个性化的学习。借助交互式电子白板，学生不仅可以实现课上与教师的简单教学交互，还能借助数学、物理、化学、生物等学科的公式编辑器、图形绘制工具等一系列学科工具提高自身的学习兴趣、综合素质和能力。

青岛市中小学生的互联网学习应用意愿较强。调查显示，青岛市有 48.11% 的学生经常利用互联网学习，显著高于全国平均值 25.40%，43.24% 的青岛市学生认为互联网学习效果不逊于线下学习，直接表明了学生对互联网学习的兴趣以及学生对互联网学习有很高的积极性。与此同时，青岛市中小学生互联网学习应用频率较高。大部分学生会经常利用互联网进行学习，并保证每天一定的互联网学习时长。青岛市中小学生互联网学习的应用方式多样，学生经常参与多种类型的互联网学习活动。学生在互联网的支持下，除了搜索学习资料，还会参与在线课程学习、参与在线讨论与答疑、观看直播讲座、向老师请教问题以及创作与分享作品等互联网教学活动。

在应用意愿、应用频率以及应用方式的基础之上，青岛市中小学生普遍对互联网学习效果感到满意，近半数的学生认为互联网学习效果不逊于线下学习，这为未来互联网学习范围的扩大和应用深度的增加奠定了良好的基础。

学生不仅在互联网学习中接受学习资源，还在互联网学习中发挥自身的主动性和创新性。他们能自主组织线上线下相结合的学习活动，并利用互联网开展探究性学习等。此外，学生在互联网学习中形成了良好的互动与合作习惯，能利用互联网与同学交流讨论、分享资源，与老师进行实时互动等。

44.76% 的青岛市学生认为自己"完全符合"熟练操作所需的软件和设备的要求，能准确识别所需信息并过滤掉无关的内容；能高效管理搜集到的互联网信息与数据以便后续使用；能在交流合作中尊重与理解他人的观点并向他人分享高质量的学习资源；能制订好学习目标与计划来引导互联网学习的开展，及时总结以巩固所学知识；具备批判性地从互联网获取信息与数据的能力，不盲从他人观点；具有较高的互联网安全意识。

总体来说，学生在互联网上的学习已从基础应用扩展到深入参与，从被动学习转向主动探究，从单一学习发展为多元互动，显示出互联网时代下学生的学习日趋深入和多样化的特点。

1.2.3　互联网学习的细分差异明显

1.2.3.1　区域和城乡差异

青岛市互联网学习的区域差异和城乡差异显著，西海岸新区、崂山区以及市南区的发展水平较高，教育信息化的程度明显高于其他区域，莱西市和平度市等其他地市能够结合各自实际情况进行散点式应用。数字化赋能学科教学虽已进入初步试验阶段并展示了一些成功案例，但从整体上看，学科教育信息化教学处于相对弱势位置，信息技术与学科教学深度融合的程度还未达到预期，从全域范围来看严重不足。

青岛市西海岸新区为推进智慧校园建设，大力加强该区中小学智能教室建设，实现多媒体设备全覆盖；全面升级办公教学设备及智能学习终端，根据不同学校的学科需求，配套全场景的智慧教育应用生态；推动人工智能技术与教育教学主要环节的融合创新。

崂山区教体局采取了多项措施，优化作业管理，提高教学质量。首先，建立了全区作业监管平台，利用人工智能、大数据和云计算等技术对日常课时作业数据进行全方位的跟踪和采集，并进行记录和分析。其次，建立学校作业公示制度，进一步规范了作业的布置和批改。此外，还建立了大数据监管平台，依托"数据驾驶舱"展示平台进行统计分析，确保对作业进行全面和有效的监控。同时，崂山区兼顾统一作业和特色作业，推进作业改革，并根据不同学生的基础布置个性化作业，实现因材施教。

市南区在省级智慧教育示范区创建过程中，聚焦"一体系、两提升、三集群"建设目标，以"智优"助推"最优"，促进区域教育高质量发展。全域优服务，实施智慧数据与网络安全强基工程；应用优场景，聚力教与学模式智慧变革攻坚工程；学生优成长，开展数据驱动下的学生发展评价工程；教师优发展，探索信息素养与创新意识提升工程；资源优汇聚，打造未来学习空间与资源创建工程；学校优治理，创新现代教育治理能力可视化工程。局域统筹推进人工智能教育的区本化、特色化实施。

青岛市互联网学习区域和城乡差异具体体现在基础设施与资源分配、师资力量以及应用能力等方面，需要进一步推动区域间的均衡发展。西海岸新区等新兴发展区在教育信息化设备硬件和拥有较高信息化素养的人才方面超出其他地区，能够提供更好的教育资源，经济相对欠发达的城区、农村地区则缺乏足够的财政资金和家庭经济支持。不同区域之间的教育资源分配不均导致基础设施不完善，不同区域的学校的互联网设备和网络环境存在较大差异。城市学生和教师的数字化素养普遍高于农村地区。农村学生在信息获取、筛选、管理等方面能力相对较弱，缺乏良好的数字化学习习惯。城市学生使用互联网学习平台的频率和意愿相对农村学生较高，这可能与区域网络覆盖、家庭经济条件等因素有关。教师与管理者的专业发展与能力水平差异显著。部分地区的教师和管理者缺乏持续学习和提升的意识和动力，对新兴的数字技术缺乏学习和掌握的动力。这将影响教师和管理者的专业发展，难以实现教育教学的创新以及数字化智慧校园的建设。

1.2.3.2 学段差异

根据调查不难发现：青岛市小学学段、初中学段、高中学段三个学段的互联网学习差异比较显著。以下将从软件与操作能力、信息与数据素养、交流与合作、内容创造、策略性学习以及互联网安全六个方面分别简述。

高中生在软件与操作、信息与数据素养、交流与合作、内容创造、策略性学习和互联网安全等方面的能力与意识发展指数均高于小学高段和初中学段的学生。小学高段的学生在软件与操作、交流与合作、内容与创作、策略性学习四个方面的发展指数高于初中学段的学生，在其他两个方面的发展指数低于初中学段的学生。

从软件与操作能力的维度来看，小学低段学生在这一方面的指数高于其他学段，这可能是因为小学低段学生的文字理解能力略低，导致对问卷的作答可能出现偏差。但也在一定程度上反映了现阶段小学低学段学生互联网学习能力提高的良好态势，表明他们有使用电子工具进行学习的良好意识。而高中学段的学生在这方面的发展指数高于小学高段和初中学段的学生，说明计算机基础技能的培养是一个需要不断加强的过程，要持续培养学生该方面的能力以便学生合理选择与熟练使用互联网学习相关的软硬件设备，并及时解决使用过程中出现的技术问题。

从信息与数据素养的维度来看，虽然各学段学生都达到较高水平，但高中学段的学生在这方面的能力与意识发展指数最高，表明他们更能有效获取、筛选和利用信息。高中学段的学生在准确识别互联网学习的信息与数据需求，并利用互联网搜索、评估与管理相关的信息与数据方面优于小学学段和初中学段的学生。

从交流与合作的维度来看，各学段学生在交流与合作能力方面表现良好，但高中学段的学生在这方面的指数最高，可能因为他们更习惯于在线协作学习，能积极利用互联网工具交流、分享与开展团队合作，并遵循互联网空间的相关礼仪。

从内容创造的维度来看，各学段学生的能力差异显著，且整体水平较低，但高中学段的学生在这方面的指数稍高，表明他们能够利用互联网资源或工具进行多种媒体形式的内容创造，并遵守版权与许可协议。初中学段的学生发展指数最低，表明初中学段的学生要在互联网学习内容创造上加大学习力度，多进行创新性的思考与表达。

从策略性学习的维度来看，各学段学生在策略性学习方面的表现接近，但高中学段的学生在这方面的指数稍高，可能因为他们更善于自主规划学习路径，在认知与元认知层面更容易采取合适的学习策略，提升互联网学习的效率与效果。

从互联网安全的维度来看，各学段学生在互联网安全意识和能力方面都达到较高水平。各学段学生在利用互联网的同时，能保护自身与他人隐私并避开潜在的安全风险。

总体来说，小学学段的学生在基本技能和简单应用方面较为突出，而高中学段的学生在复杂思维和创新能力方面表现更好，学段之间的数字化学习能力差异显著。

1.2.3.3 教师使用频度和水平差异

不同地区教师对新兴数字技术的了解程度不同，如人工智能、大数据等。教育信息化发展水平高的地区的教师能熟练使用新兴技术助力课堂教学，但部分地区的教师与管理者对这些技术缺乏深入的掌握，只停留在基本应用层面。与此同时，教师在数字化教学策略和方法上的创新程度也存在较大差异。青岛市 38.81% 的教师经常使用线上线下混合的教学形式，尽管这显著高于全国平均值 22.9%，但也反映出超过 50% 的教师未能常态化开展信息化教学，或仅是简单地将数字化工具应用于教学中，缺乏深度融合的探索和实践。此外，不同区域的教师在对学生学习情况进行评价和分析的能力上存在差异。部分教师能够有效利用互联网数据进行学习评价，但也有一些教师因为基础设施不完善而难以获取全面、准确的学生数据。最后，虽然大部分教师都有持续发展数字化素养的意识，但仍有一部分教师缺乏学习和提升的动力，影响其专业发展。

1.2.3.4 学生使用频度和水平差异

平台使用情况不同，学生在平台选择上具有自主性和多样性。青岛市 65.26% 的受调查学生表示使用的是国家中小学智慧教育平台，部分学生使用学校网络平台或教师推荐的免费平台，而只有少数学生使用付费平台。终端设备类型存在差异，学生更倾向于使用便携式设备进行互联网学习。智能手机是学生主要接触的终端设备，其次是平板电脑、笔记本和台式机。互联网学习在学生中的普及程度不一，不同学生使用互联网学习的应用频率不同，每天利用互联网学习 1 小时以上的学生占比近半数，而有约 10% 的学生不使用互联网进行学习。

应用方式各异，学生更多的是作为被动接受者而不是主动参与者参与互联网学习。教师经常在教学中利用互联网开展各种教学活动，而学生主要通过在线学习资源来辅助学习。在进行互联网学习时，多数学生在面对海量信息时缺乏有效的获取和筛选能力，容易受到虚假信息的影响，在信息获取与筛选能力方面存在差异。他们在信息安全意识和行为上也存在差异，大部分地区学生未接受过互联网安全知识培训，其互联网学习行为可能存在信息安全风险。

1.3 年度特征词及其解释

1.3.1 教学视角的年度特征词

1.3.1.1 精准教学

青岛市在 2022 年度和 2023 年度对精准教学投入了大量的关注，青岛市西海岸新区以整区使用智能教学平台支撑的精准教学，崂山区在原有的教学云平台的基础上开展智慧纸笔课堂应用，这些都是为了实现大规模精准教学。青岛的其他区（市）也在各个学校尝试应用一些智慧教学平台，着力实验精准教学模式。

精准教学，最初由美国学者林斯利（Lindsley）根据斯金纳（Skinner）的行为主义学习理论于 20 世纪 60 年代提出，旨在通过设计测量过程来追踪学生的学习表现并提供数据决策支持。其核心思想是借助信息技术，通过持续追踪、记录和分析学生的学习过程及其产生原因的数据，为教师的教学设计、教学决策、教学指导、个性化干预以及学生的学习补救和改进提供科学依据。在应用上，精准教学采用标准加速度图来呈现学生自我监控的表现频率的变化，并通过对学生学习行为表现的记录和量化分析，设计并实施教学方案。然而，受限于当时的技术手段，传统的精准教学主要依靠纸笔记录学生的学习表现，并且主要关注学生的学习行为结果，难以深入分析学生在学习过程中的个性化特征。

1.3.1.2　生成式人工智能背景下的数字资源

生成式人工智能，如 ChatGPT，是一种从数据中学习人工制品的表征，并利用它生成与原始数据相似的独特内容的技术。这种技术可以创建会话内容、图像、视频、音乐、语音和文本等。在教育领域，生成式人工智能的应用已经成为一个不可阻挡的趋势。首先，生成式人工智能可以智能生成海量的多模态数字化教育资源，包括教科书、教育视频脚本、讲座笔记等，有助于教育者更快速地创建和更新教育内容。其次，根据学生的学习情况和兴趣，生成式人工智能可以智能推荐相关的学习资源，帮助学生拓展知识面和提升学习兴趣。此外，生成式人工智能还可以对学生的学习数据进行分析和评估，帮助教师更好地了解学生的学习情况，为下一步的教学提供参考。

青岛市虽还未在全市或某个区（市）整体层面开展大规模的生成式人工智能教育的应用，但由于生成式人工智能是一种现象级的应用，已经在很多场景下出现了很多较为成熟的应用。在走访调研中发现，广大学校、一线教师拥有较高的应用生成式人工智能进行教学探索的改革热情，也进行了丰富多样的探索，如借助生成式人工智能辅助教案撰写、辅助命题、开展作文批阅、开展人机协同教学等。

1.3.2　教学管理视角的年度特征词

1.3.2.1　国家中小学智慧教育应用平台

国家中小学智慧教育平台是由中国教育部主办，为全国中小学生、教师和家长提供综合性的在线教育服务。2022 年 3 月 1 日，"国家中小学智慧教育平台"正式上线试运行。该平台致力于实现信息技术与教育教学的融合应用，推进教育现代化，并提高教育质量。在功能上，国家中小学智慧教育平台涵盖了众多模块，包括课程教学、德育、家庭教育等，为不同年龄段的学生提供了丰富多样的学习资源。此外，该平台还具有教师研修、学科研修等功能，为教师提供了持续的专业发展机会。同时，为了方便教师、学生和家长的互动交流，教育部还推出了移动端应用"智慧中小学"App。

青岛市对国家中小学智慧教育平台的应用已经迅速展开，并开展了较为深入的应用。青岛市教育局于 2022 年 7 月率先印发了《青岛市"国家中小学智慧教育平台"全域普及实施方案》，成立国家平台试点领导小组和工作小组，统筹规划、全域推进，并实现了与青岛教育 e 平台、中小学智慧作业系统的三方融通。青岛市联合烟台、威海、潍坊、日照四市，共同申报成立国家中小学智慧教育平台应用省级专家指导团队山东一队，在各自推进基础上，逐步形成跨地市、跨区县、跨学校、跨学科的交流机制，面向中小学校和广大师生，建立市、区、校三级平台应用推进模式。如青岛市西海岸新区珠江路小学、平度市凤台中学等对"双师课堂"做了较好的应用，让"双师"共同助力每一名学生课堂成长。

1.3.2.2　教师数字素养

在数字化转型的背景下，教师专业发展正在发生重大变革。首先，教育部已经扩大了优质资源和服务的有效供给，以国家智慧教育公共服务平台、教师资格管理信息系统、全国教师管理信息系统构成了"一平台两系统"的建设架构，推动了教师队伍建设的数字化转型。此外，教育部还全面推动教师线上研修与国培、省培等线下培训的有机融合，深入推动新时代教师发展的数字化建设。技术迭代更新，如智能互联黑板、3D 实验模拟舱、自动评卷分析系统等，不仅推动了教学设备和教学方式的创新，也驱动着专任教师不断学习、提高数字素养。因此，数字化赋能已经成为新时代教师队伍建设实现高质量发展的重要路径之一。

青岛市各区（市）教体局、广大学校和教师真切地认识到了教育教学数字化转型背景下教师专业发展的重要性。对教师教育技术能力的培训越来越多地被教师数字素养培训、数字素养考核所取代。教师不仅要接受培训，还需要在日常教学中深入应用，以教学应用和教学改革促进数字素养水平的提高。教育教学的管理者要和广大教师一同参与到数字素养提升计划中。

1.4 互联网学习特征指数

表 1 2023 年青岛市基础教育教师互联网教学能力核心指标的特征指数汇总表

一级指标及特征指数		二级指标及特征指数		核心指标题项	核心指标题项特征指数
指标	指数	指标	指数		
教学能力 （C）	4.25	资源整合 （C2）	4.26	C21. 我能够根据教学目标与方法搜索与选择合适的互联网教学资源	4.26
		教学促进 （C3）	4.24	C31. 我能够利用互联网开展多种类型的教学活动来提升教学效果，如探究式学习、项目式学习、同伴教学等	4.21
				C32. 我能够利用互联网加强与学生之间的互动交流，以及时为其提供有针对性的指导	4.26
		赋能 学习者 （C4）	4.22	C41. 我能够利用互联网针对学生自身情况实现个别化和差异化的教学或指导	4.22
		学习评价 （C5）	4.21	C52. 我能够通过收集与分析学生的互联网学习数据来合理调整教学策略	4.21
		专业发展 （C6）	4.30	C61. 我能利用互联网上的资源与课程持续促进自身专业发展	4.30
教学应用 （A）	4.12	应用意愿 （A1）	4.22	A11. 我会经常利用互联网开展教学	4.22
		应用频率 （A2）	4.19	A21. 我在课堂教学中经常利用互联网提供的资源和工具	4.31
				A22. 我在教学中经常使用线上线下混合式教学形式，如翻转课堂、探究学习等	4.06
		应用方式 （A3）	3.96	A31. 我经常利用互联网开展各种教学活动，如交流、投票、测试、虚拟实验等	3.96
		应用效果 （A4）	4.12	A41. 我很满意互联网教学的效果	4.12
专业 发展支持 （S）	4.09	活动参与 （S1）	4.04	S11. 我有机会参与国家级、省级、市级举办的互联网教学能力提升活动，如讲座、培训、研讨、研究等	4.04
		活动效果 （S2）	4.15	S21. 我所参加的互联网教学能力提升活动，能够为我开展互联网教学实践提供参考，并引发自主探究与反思	4.15
		共同 体建设 （S3）	4.08	S31. 我的互联网教学探索经常能够得到本地教研小组、在线学习社群等专业共同体的支持	4.08

续 表

一级指标及特征指数		二级指标及特征指数		核心指标题项	核心指标题项特征指数
指标	指数	指标	指数		
教学环境（E）	4.26	资源环境（E1）	4.22	E11. 我很容易获取满足教学需求的多样化网络教学资源，如文本、图片、视频等	4.22
		技术环境（E2）	4.29	E21. 现有的教学平台与应用能够支持我开展多种类型的教学活动，如雨课堂、课堂派、钉钉、腾讯会议等	4.29

从上表可以看出，2023 年青岛市基础教育教师在利用数字化资源、教学平台等方面都有较好表现。利用互联网开展教学日趋成为常态，并且教师对自身利用互联网的能力表现出较好的自我认同。教师们在"我经常利用互联网开展各种教学活动，如交流、投票、测试、虚拟实验等"这一项的特征值低于 4，反映出其较少利用互联网开展投票、测评和虚拟实验等教学活动，虚拟实验类工具平台以使用单款产品为主。

表 2　2023 年青岛市基础教育阶段学生互联网学习能力核心指标的特征指数汇总表

一级指标及特征指数		二级指标及特征指数		核心指标题项	核心指标题项特征指数
指标	指数	指标	指数		
学习能力（C）	4.25	信息与数据素养（C2）	4.25	C21. 在利用互联网搜索时，我能够准确识别所需信息，过滤掉不相关的内容	4.25
				C22. 我能够整理好搜集到的互联网信息与数据，以便于后续查找与使用	4.18
				C23. 从互联网获取信息与数据时，我能够有自己的判断，不盲从他人观点	4.33
		交流合作（C3）	4.45	C31. 我进行在线交流与合作时，能够尊重、理解他人观点，并简明清晰地表达自己的观点	4.45
		策略性学习（C5）	4.05	C51. 我能制订好学习目标和学习计划来支持互联网学习的开展	4.05
学习应用（A）	3.91	应用意愿（A1）	4.13	A11. 我非常愿意利用互联网进行学习	4.13
		应用频率（A2）	3.87	A21. 我经常利用互联网进行学习	3.87
		应用方式（A3）	3.73	A32. 我经常参与多种类型的互联网学习活动，如在线测试、在线讨论、在线答疑等	3.73

续　表

一级指标及特征指数		二级指标及特征指数		核心指标题项	核心指标题项特征指数
指标	指数	指标	指数		
学习服务（S）	4.09	学习策略（S1）	4.21	S11. 我会从老师或同伴那里学到有用的在线学习策略与方法，比如搜索技巧、学习工具、学习习惯等	4.21
		学习评价（S2）	4.19	S21. 在互联网学习过程中，我能够从老师或同学那里获得有用的反馈与评价	4.20
				S22. 学习平台根据我的学习表现提供的反馈与评价，对于我改进学习很有帮助	4.18
		动机与情感（S4）	3.89	S41. 互联网上的学习内容与活动，总是对我很有吸引力	3.89
学习环境（E）	3.99	资源环境（E1）	4.08	E11. 我总能通过互联网获得许多好用的学习资源	4.08
		技术环境（E2）	3.91	E21. 我在互联网学习时不会受到网速卡顿的影响	3.72
				E22. 现有学习平台和工具能够很好地满足我的学习需求	4.10

2022 年以来，青岛市基础教育阶段学生对互联网的认知与使用程度都得到了强化，在获取资料、信息方面的特征值甚至达到 4.33，在开展互联网交流方面的特征值达到 4.45，学生对工具的使用表现出较强的兴趣，能够感知到学习平台所做的反馈和评价。但限于每位学生所处区域、家庭条件的差异，以及所访问资源平台的网络配置，在互联网卡顿方面仍有特征值低于 4 的情况。

第二章

CHAPTER 2
互联网学习发展现状

2.1　区域政策与保障措施

2.1.1　建设智慧教育示范区，营造智慧教育新生态

在基础教育方面，青岛市持续投入大量资源，以扩增优质教育资源并提升教育质量。2022年8月，中共青岛市委办公厅及青岛市人民政府办公厅印发《青岛市基础教育优质资源倍增三年行动计划》（以下简称《行动计划》）中提到在基础教育阶段应坚持优先发展、超前布局，同时加强资源保障、政策供给。由于互联网智慧技术及平台的迅速发展以及其对教育教学的深度赋能，《行动计划》指出，在基础教育阶段应实施智慧教育赋能行动，全面扩大优质教育资源的覆盖。坚持以新技术培育新动能，建立新技术支撑引领基础教育高质量发展体系，到2024年，青岛市应建成全国智慧教育示范区。大力推动新技术融合创新。推进新型网络基础设施建设，加快城域网中心升级和青岛教育e平台优化，提升"互联网+"教育治理和信息化教学支撑保障水平。推进数字教育资源系统升级和内容优化，推广同步课堂、线上同步教研，推动城区优质教育资源与乡村学校和薄弱学校共享；探索"名师空中课堂+在线答疑"的"1+1"课后自主学习指导形式，推动名师优质资源广泛共享。探索智能教学"工具箱"建设应用，支撑个性化学习和公益性网络教学服务，并强化人工智能教育和应用，营造智慧教育新生态。

2.1.2　建设智慧校园，构建智慧学习环境

青岛市为推进国家智慧教育示范区创建及深入贯彻落实党的二十大精神，引领全市中小学智慧校园建设应用并全面提升智慧教育水平。根据《教育信息化2.0行动计划》及《青岛市"十四五"教育事业发展规划》等文件精神，结合青岛市中小学校教育信息化发展实际，青岛市教育局制定了《青岛市中小学智慧校园示范校建设应用指南（试行）》（以下简称《应用指南》）和《青岛市中小学智慧校园示范校评估标准（试行）》，积极探索教育治理和教学新模式，努力构建智慧校园教育新生态，推进教育数字化转型，为建设高质量教育体系以及促进学生全面而有个性的发展提供有力支撑。

《应用指南》指出，要积极推动云计算、大数据、物联网、人工智能等新一代信息技术在教育教学中的应用，建成物联感知、场景识别、全向联结的智慧学习环境，实现物理环境与虚拟环境相互融合，促进教育教学质量和教育治理水平提升，推进教育公平和教育优质均衡发展，培养具有较高思维品质和较强实践能力的创新型人才。全面构建全市中小学智能感知型教育生态，着力打造课堂教学、教师教研、学生学习、管理评价、家校沟通、学校安全等一体化、智能化的校园环境，推动学生成长、教师发展、学校治理数据体系建设和深度应用，构建

新型现代化教育生态。《应用指南》指出，首先应创新融合应用型学习范式，充分利用智慧教育环境，培养教师教学创新能力，学生自主学习能力、协作学习能力、探究学习能力，促进信息技术与教育教学核心业务深度融合，实现教学方式和教育模式的变革与创新。其次，要推进数据决策型评价机制，推动基于数据支撑的学生成长和教师发展评价，利用交互技术、传感器、智能终端等实现教与学过程行为的"伴随式"数据收集，实现学校教育教学决策科学化。2023 年，评选 100 所智慧校园建设应用示范校、20 个典型数字应用场景、20 个优质教学软件。2024 年全市 50% 的中小学校达到智慧校园建设应用要求。2025 年，全市中小学校进入智慧校园建设应用新阶段，全市中小学生享有智慧学校带来的便利学习生活，具有良好的信息素养，普遍具有能够适应信息社会的生存能力。

《应用指南》明确指出，智慧校园要实现教育管理方式、教育教学模式、学习评价方式和沟通传播方式现代化，还要成为促进学生综合素质全面发展的智能生态系统。利用技术赋能教学，这体现在让教学过程智能化。推进信息技术支持下的"线上＋线下"的混合式学习、探究式学习、可视化学习，基于学科教室、创新实验室等新型教学环境，熟练应用备授课、作业管理、数据分析等智慧教学工具，实现学生作业、测试自动批改和师生教学行为数据的伴随式采集。在数据支撑下，实现对课堂教学全过程的诊断与评价，解决个性化学习指导难题，打造智能高效课堂，促进教学质量全面提升。数字技术赋能也体现在教研方式上更加多样化。构建信息技术支持下的校际间、区域间教研协作社群，通过同步课堂教室、视频会议系统等信息技术工具，实现集团校、联盟校教研共同体研修活动，实现教研资源共创，积累生成性资源，采集过程性数据，开展教师专业能力诊断与分析，为教师提供差异化，按需的专业培训和指引，实现精准教研。《应用指南》还指出，教育资源要特色化，建立"自建、引进、合作、共享"资源配备机制，建设适切度高的学生学习资源、教师教学资源、教师专业发展与教育科研资源和数字校本特色资源，鼓励师生在国家智慧教育公共服务平台展示、共享优秀数字资源，形成"国家平台＋本地特色"资源融合应用模式。运用各类教育资源开展好课堂教学、课后服务、教师研修、家校贯通等工作，满足教师教研、学生成长和家校共育的需要。培养学生的资源检索、鉴别、选择和使用能力，帮助学生充分利用平台资源进行预习、作业、自测、拓展阅读等学习活动。

在全市智慧校园的建设上，全面加强统筹领导市、区（市）、校三级联动，协同推进智慧校园建设。首先，各区（市）、学校要将智慧校园建设作为智慧教育和智慧城市建设的重要内容，并作为"十四五"教育信息化建设和教育现代化建设的重点工作，统筹规划、统一部署、大力推进。其次，加强组织保障，要求各区（市）教育部门要组建工作机构和专家团队，研究部署智慧校园建设工作，制定智慧校园建设规划，明确时间表和路线图，在政策、经费、人员等方面提供强有力的保障。要求各学校将智慧校园建设应用工作作为"一把手"工程，将智慧校园建设应用作为学校促进教育公平、提高教育质量、提升办学水平的重要抓手。

2.1.3 出台创新行动计划，确立清晰的行动路线

《青岛市基础教育优质资源倍增三年行动计划》《青岛市中小学智慧校园示范校建设应用指南（试行）》等文件要求，以数字化支撑引领教学深层次、系统性、全方位变革创新，推进青岛市教育现代化建设和教育优质均衡发展，为此青岛市教育局印发《青岛市基础教育数字化赋能教学创新行动计划（2023—2025 年）》计划方案，推动数字技术赋能教育教学，以习近平新时代中国特色社会主义思想为指导，深入贯彻落实党的二十大精神，主动适应数字时代的新特征、新趋势。

该方案计划到 2025 年，青岛市数字化教学环境进一步优化，线上线下教学空间融合发展。市区两级教育平台功能健全，应用服务"一号登录、一网通管"。数字教学资源丰富、系统、精准，满足教学的多种场景应用需求。师生数字素养明显提升，推动教学方式、方法改革创新，数字化赋能教学体制机制基本健全，构建"家校社协同、政企研合作"共同推进的良好生态。形成一批青岛特色的教育数字化应用样本，打造 30 所数字化赋能教学标杆校。优化基础环境建设，加快学校数字化转型，首先，要推动数字化环境覆盖。按照《青岛市中小学智慧校园示范校建设应用指南与评估标准（试行）》要求，以立足教学需求、有效解决问题、提高教学效益为导向推动学校软硬件设施优化升级，完成教育网络完善和迭代升级，实现校园无线网络高质量覆盖。促进学校物理空间与网络空间一体化建设，强化数字技术对教学改革创新的支撑作用。2024 年全市 50% 的中小学校达到智慧校园建设应用要求，2025 年全市中小学校进入智慧校园建设应用新阶段。其次，规范教育装备配备标准。优化《青岛市普通中小学教育装备配备标准（2020 版）》，结合教室、实验室和图书馆等功能场所数字化、智能化改造项目进一步完善标准，为学校开展特色数字化环境建设提供参考，以教育装备标准化服务、支撑和引领教育现代化。建立教育装备使用培训、实例示范、安装配置"三同步"工作遵循，保障硬件及技术服务教学实际需求。推进多元终端互联兼容、终端与数字资源匹配适用，保障教育终端绿色健康、安全可控、使用便捷。

青岛市教育局为更好地利用数字技术赋能教育教学，要求各区（市）完善系统平台搭建，汇聚优质功能与工具，例如，教学过程中促进平台互联互通。遵循"兼顾集约建设、鼓励特色发展"原则，市域内教育类平台、系统按照青岛教育 e 平台接口标准建设并统筹接入。强化上级系统应用，实现各级各类平台、系统横向融通、纵向贯通、成果共享、推广便捷。并按照"平台建设分级负责、中小学校应用为主"要求，市区两级持续优化区域教育类平台功能建设，

加强优质教学资源、教学工具、功能板块整合汇聚，为中小学校教学提供"平台＋资源"一站式服务。不仅需要平台资源双层服务，还急需加强系统平台数据的跟踪分析和综合挖掘功能，推动基于数据支撑的学生成长和教师发展评价，探索构建学生、教师成长数字画像，促进教育管理科学决策。青岛市教育局鼓励有条件的区校根据区域特点和教学实际，突出实用实效，培育数字化赋能"教、学、评"典型项目。推行"一项成熟、全市共享"机制，按照区（市）校申报、专家论证、试点应用、组织培训、全面推广流程，对"好用、易用、常用"的系统、软件或智慧教学工具进行重点扶持和品牌打造，并依托青岛教育 e 平台在全市推广，优秀项目案例同步纳入青岛市创建国家级智慧教育示范区工作成果。

青岛市教育局鼓励青岛各区（市）融通优质教学资源，支持教学多场景应用，各校需引导师生、家长统筹使用国家中小学智慧教育平台与市区校多级平台，强化优质教学资源在教师备课、网络教研、课堂教学、答疑辅导、课后服务、居家学习、家校共育等场景下的支撑作用。指导教师借鉴平台优质资源改进教学，提升教师数字化应用研究水平。在教师教研上，应立足教学实际需求与教学难点痛点，做好本地特色资源补充建设工作，依托青岛教育 e 平台分类打造备课资源库、习题资源库、课程资源库、教研资源库，重点建成基础教育学段全学科重难点知识目录及小微短视频。在 2023 年形成数字教学资源建设管理方案并完成资源架构，2024 年建成 10 000 个以上数字教学资源，基本满足教学需求，2025 年数字教学资源风格多元，实现迭代更新。青岛市建立政府引导、多方参与、共建共享、互惠互利的资源建设机制，支持校际之间、校社之间优质资源合作共建，推动社区、企业、科研机构、博物馆、科技馆等社会资源服务教学，鼓励学校师生自建数字教学资源推送平台共享。实现"专递课堂""名师课堂""名校网络课堂"常态化按需使用，推进教学优质校与教学薄弱校远程帮扶。推广线上同步教研，用好名师空中公益课堂、教师在线 e 辅导等，持续扩大优质资源覆盖面。规范数字教学资源质量标准，注重知识产权保护，探索建立基于用户使用评价的资源质量评价办法，确保数字教学资源质量过关、动态更新、贴合教学。

由此可见，青岛市教育局对于基础教育阶段互联网教育教学给予了许多政策支持及具体的保障措施。无论是优质教学资源的扩充，还是智慧校园环境的搭建，抑或是优化数字技术赋能教与学等各个教学环节，青岛市各区（市）都有明确的政策支持及对应措施，为青岛市互联网学习的顺利开展保驾护航。

2.1.4　强化平台支撑和资源保障，全力支持教育教学数字化转型

截至 2022 年 3 月底，青岛市投资 10.39 亿元构建了"专网专用、高速互联"的教育城域网和"分级负责、多重防护"的网络安全保障体系，实现了城域网骨干带宽 100G、互联网出口

总带宽 60G、区（市）分中心 40G、城区中小学 10G 接入城域网，幼儿园全部光纤上网和校园无线网络 100% 覆盖。通过打造"青岛教育 e 平台"，整合五级教育信息系统，实现政务服务、数据资源跨层级、跨部门融合共享，全面支撑管理、教学、教育公共服务等各类业务的分发推广和应用。2020 年疫情期间，e 平台支撑了全市 120 所高中和中职学校"停课不停学"。2021 年，e 平台入选数字青岛"双十二"建设任务，通过打造义务教育入学"一网通办"等服务场景，推动了教育数字化转型，成为"智慧教育示范区"创建的坚实基座。除此之外，全市中小学广泛应用各类多样化的智能教育教学平台，如青岛教育 e 平台、智能教学云平台、国家中小学智慧教育平台等教育公共资源服务平台以及各种特色化智慧教学平台，推动智慧教学开展。

2.1.4.1 国家中小学智慧教育平台

国家中小学智慧教育平台旨在通过优质教育资源的共享，推动我国基础教育事业的发展和改革。国家中小学智慧教育平台提供了丰富的功能，以满足不同用户的需求。首先，用户可以随时随地访问平台上的海量优质资源，包括课程资料、教学视频、学习工具等。其次，平台通过个性化学习推荐系统，根据用户的学习历史和兴趣，为用户推荐合适的学习资源。此外，平台还提供了互动教学功能，使用户可以在线参与讨论、提交作业、与老师和同学进行实时交流。平台上的资源根据学科和年级进行分类，包括语文、数学、英语、物理、化学、生物等多个学科。这些资源具有多样性、实用性和时代性的特点，并由专业人士制作和筛选，以确保其准确性和适用性。

自国家中小学智慧教育平台上线试运行以来，青岛市以国家平台资源为基础，融合国家资源、青岛特色资源，形成了"线上教学"资源池，构建了以国家平台为主体，互联网、教育城域网、广播电视网多渠道融合的"线上教学"支撑服务机制。凭借骨干带宽 100G、互联网出口总带宽 60G 构成的教育城域网，通过青岛教育 e 平台的"名师导学课""名师空中课堂""一对一直播答疑"等多条路径，伴随课堂教学、家校协同育人等教学场景，"线上教学"支撑服务进入千家万户，提升了居家学习质量，有效保障了"停课不停学"。青岛市教育局创新应用国家中小学智慧教育平台，以创建国家智慧教育示范区为目标，全市 12.5 万名教师年访问量超过 1.27 亿次，在线活跃的设备数量超过 326 万台。特别是借助数字化实现教育管理的"数字管理"，全面赋能支撑青岛教育扩优提质、倍增发展。全市 697 所学校、3.2 万教师、59.6 万学生已实现了平台资源常态化应用。此外，青岛还围绕国家智慧教育示范区创建，推动本地平台资源与国家平台资源数据互联互通，实现教师培训、家长大课堂、教育科研等全面接入，激励师生在日常教育教学和管理中的广泛使用，推动信息技术与教育教学的深度融合，为建设教育强国贡献青岛力量。

青岛市使用国家中小学智慧教育平台取得了良好的效果，青岛西海岸新区太行山路小学充分利用教育公共服务平台及国家智慧教育公共服务平台，进行教师考勤、办公会议、流程审批及业务培训等学校管理和教育教学服务，实现智慧管理、智慧办公。青岛市市南区琴岛学校坚持应用为王，注重挖掘和利用国家中小学智慧教育平台这一资源宝库，多措并举、多维使用、多方见效，激发学校、教师和学生应用平台资源的积极性，也推动线上线下教育教学的融合发展。该校把国家中小学智慧教育平台的优质资源，作为学生开展自主学习、探究学习的重要补充，引导学生利用平台的资源开展预习、复习。青岛李沧区永宁路小学运用国家中小学智慧教育平台资源，拉长教学链条，提升教学效果，引导学生在结束单元学习后，结合平台内资源，主动梳理知识框架，制作思维导图，养成内在的概括能力和思维品质。

青岛的教育 e 平台与国家中小学智慧教育平台实现双向数据互通对接后，教师通过账号登录就可以直接访问平台资源，这里的平台资源包含教育 e 平台自建资源和国家智慧教育平台资源，有效解决了学校师资不足和水平有限的问题。未来青岛市将在教育部、省教育厅的指导下，通过顶层设计、创新驱动、组团发展等举措，通过完善资源共建共享机制、推广智慧作业管理模式、创新平台应用场景、发挥专家团队应用效能等途径，积极推进国家中小学智慧教育平台的落地与应用，构建智慧教育下的学习新生态。

2.1.4.2　青岛市级保障平台——青岛教育 e 平台

青岛教育 e 平台是一个集成全青岛市所有教育信息化应用的统一平台，方便教育局管理者、教师、学生使用。具体来说，青岛教育 e 平台为教师提供了应用中心、资源中心、教育热点、活动中心、我的资源、教师教学发展档案画像等功能。学校管理员拥有用户后台管理和学校年级班级等管理功能。此外，该平台通过多种途径让广大师生、家长认识平台、熟悉平台、使用平台、体验平台，了解国家平台资源结构、专业水准、功能作用和使用方法，运用各类教育资源开展好课程教学、课后服务、教师研修、家校贯通等工作。同时，引导师生、家长统筹使用国家中小学智慧教育平台与市区校多级平台，强化优质教学资源在教师备课、网络教研、课堂教学、答疑辅导、课后服务、居家学习、家校共育等场景下的支撑作用。

青岛教育 e 平台资源丰富，汇聚国家、省、市的千万量级大资源，实现全学段、全学科、全版本覆盖，并面向全市免费共享。青岛教育 e 平台支撑优质教育资源，惠及全市师生。该平台通过建设一卡通、电子班牌等，实现学校日常教育管理的数字化；通过智慧课堂系统、错题本、生涯规划等系统工具，辅助教师教学能力提升和学生学习方法改进。基于教育部"同步课堂推进城乡教育一体化改革发展实践共同体"项目建设和"基于教学改革、融合信息技术的新型教与学模式"实验区建设，探索实现基于大数据技术的课堂教学分析和全过程评价机制。该平台聚焦全市教育政务信息系统整合，将市域内各学校信息系统、个性化应用模块统筹接入青岛教育 e 平台，实现教育管理、数字资源、应用服务"一网统管"。开放协同、模块整合、数据打通、政务服务、数据资源跨层级、跨部门融合共享，促进管理决策和公共服务提质增效。打造"学校情况一张图""教学资源一张网""招考入学一件事""教育服务一号通"等综合场景，推进教育治理现代化，实现教育业务办理数字化转型。强化平台应用服务支持功能，深化落实"双减"政策，助力疫情期间"停课不停学"，为智慧教育提供了坚实的"数字基座"。

全市中小学对青岛教育 e 平台的使用十分深入，并取得了良好成效。青岛西海岸新区育英小学借助青岛教育 e 平台，开展了体育、艺术、劳动等学生测评数据分析，以学生学习数据为依据，结合该校实际需求，打造"和雅育英"的四大课程体系，科学诊断学生学习的优与劣。青岛第十九中学利用青岛教育 e 平台优化教育教学环境，提供泛智能的学习空间，依托国家中小学智慧教育平台、青岛市教育 e 平台等教育公共资源服务平台，构建多元化校本课程，开展数据驱动的学情分析和精准诊断，对学生进行精准画像。平度市南村镇南村中学以国家中小学智慧教育平台和青岛教育 e 平台等为依托，加强了对数字化资源的使用，打造了校本优质资源库，形成了"国家平台＋本地特色"的资源融合应用模式。青岛东川路小学运用各级智慧平台，充分利用国家中小学智慧教育平台和青岛教育 e 平台上的名师课堂等优质教育资源进行学习、备课，同时开发了数字教材，构建了适合学生的智慧数据库。该校鼓励学生依托国家中小学智慧教育平台、青岛市 e 平台等平台进行自主预习和课后复习，引导学生从单一课堂走向更广阔的世界。除此之外，该校还积极搭建"实体教研＋虚拟教研"组，依托同步课堂教室、腾讯会议、钉钉群等开展教师共同体研修活动。

青岛教育 e 平台的使用优势在于其丰富的教育资源库、在线交流与互动功能以及数据共享与使用能力，为教师、学生和家长提供了便捷、高效的学习和管理工具。该平台不仅实现了部门间和跨部门的数据共享，通过数据共享和数据分析应用，为市、区、校每个层级、每个业务条线提供主题数据分析、综合分析、趋势预测等，还为教育管理工作提供全面数据支撑，支撑教育管理工作由"经验型"向"数据实证型"转变，让管理更加精准、决策更加科学。未来，青岛市将持续建设升级青岛教育 e 平台，筑牢数字基座，规范数据标准，建设数字资源应用专区，打造校本优质资源库，支撑学校应用分布式按需配备和接入，实现各级各类应用系统连接和复用，实现底层"一套数据"，突破"数据孤岛"。

2.1.4.3　青岛市中小学智慧教学与作业管理融合系统

青岛市中小学智慧教学与作业管理融合系统与国家中小学智慧教育平台资源融合，实现备授课、作业管理以及数据分析等功能的无缝对接，支持学校智慧教学和作业管理，打造高效智能课堂。该系统面向青岛市所有中小学校，覆盖全体师生、全学科、全教学流程，实现智慧教学与科学作业管理。目前平台已经生成资源 66 万件，完成平台授课 82 万课时。主要围绕以下四个场景进行赋能。

一是与国家中小学智慧教育平台的融合应用。国家资源与本地平台资源整合后，资源按照学段、学科、课时的方式呈现，解决了教师在备课时多平台频繁切换和数据分析不畅等问题，切实减轻教师备课负担和压力，提高了教师备课的便捷性。此外，该系统导入了教材自带习题、同步练习册、常用教辅、原创特色题目等资源，为每个学校打造可持续优化的资源库，便于教师精准选用、布置和讲解，实现"减负增效"。

二是开展备授课支撑研究。（1）备课功能研究。支持教师既可以利用国家中小学智慧教育平台的优质资源和我市现有资源包，又可以结合学情自定义上传备课课件、教案等。（2）授课功能研究。该系统能对我市师生对国家中小学智慧教育平台资源的使用情况追踪评价，在确保质量提升的前提下控制作业总量和时长，减轻学生过重的作业负担，为服务"双减"提供支撑。

三是精准作业管理研究。（1）全面缩减作业总量和时长，减轻学生过重作业负担。系统支持学科组、年级组在小程序上进行作业统筹，授课教师可以通过小程序为学生布置统一作业和分层作业并预估作业完成时间，班级大屏幕上可以对教师布置作业情况进行作业公示。（2）学生可以在小程序上完成作业时间和习题正误的标记，教师可以很方便地在班级大屏幕上进行作业数据精讲。

四是数据分析研究。（1）资源使用情况分析。对教师使用国家资源的情况可以按照学科、年级、版本、频次等进行统计分析，为教育部及时更新平台资源提供数据支撑。（2）动态监测作业管理。掌握每天作业时间、作业总量以及学生的作答正确率情况，用作业超时预警功能实现精准管理。

截至 2023 年 6 月，青岛市中小学智慧教学与作业管理融合系统已被使用 712 余万次，累计选编创编各学科校本优质习题资源 90 余万道，累计精准布置批改课时、分层级靶向作业 54 余万次。试点学校充分利用系统构建数据驱动新型高效课堂，引导学生开展互动式、探究式、自主性、合作式学习，教学质量显著提升。

2.1.4.4 区（市）智慧化精准教学平台

智慧化精准教学平台基于互联网和人工智能技术，依托智慧课堂，旨在为中小学师生提供更加便捷、高效、个性化的学习体验。该平台结合了智能语音识别、自然语言处理、大数据分析等领域的技术积累和教育教学资源，其优势在于强大的技术实力和丰富的教育教学资源整合能力。该平台集成了人工智能领域的领先技术，可以对学生的学习情况进行精准分析和评估，为每个学生提供个性化的学习推荐和反馈。同时，该平台汇聚了众多优质课程资源和教学素材，可以为师生提供全方位的学习支持和服务。

自 2018 年起，青岛市西海岸新区开始全面推广和应用智慧化精准教学平台。截至目前，该平台已覆盖了区内大部分学校，建设规模日益扩大。参与机构包括区内所有中小学及部分高等教育机构，已取得显著成果。例如，通过智慧化精准教学平台，学生的在线学习参与度提高了 30%，同时学习成绩也有了显著提升。目前，青岛市西海岸新区为进一步推进区智慧教育建设，强化智慧教育赋能，提升教书育人效率，该区大部分中小学借助智慧化精准教学平台，结合各校师生实际，以提高教育质量，减轻学生、家长负担为目标，积极探索"双减"智慧"云"模式，以切实落实立德树人的根本任务。青岛西海岸新区育才初级中学依托智慧化精准教学平台等在线学习系统和学伴机等智能学习终端，师生可以实现线上授课、线上互动、线上学习和远程协作。课堂延展为课前、课中、课后的混合式学习，构建自主、合作、探究的教学方式。课上，精准教学平台智慧课堂的课堂互动，全班作答、拍照提交、聚焦放大等功能实现了课堂的交互，学生能积极参与课堂信息化教学，教师通过智慧化精准教学平台布置作业，建立班级交流群，实现了利用网络学习空间进行师生作业、答疑等互动。全体学生依托学伴机，教师可以分层、分组、分人推送学习指导，全部实现了课余时间的个性化学习。该校借助智慧化精准教学平台的伴随式数据采集功能与智学网阶段性诊断功能，实现了对学生作业、学业成绩等的数据分析，推动学生学习成长数据追踪，制定有针对性的教学指导决策。实现了全部学科的动态过程化数据采集并进行分析，精准评估学习绩效，形成靶向指导方案。

青岛西海岸新区太行山路小学是智慧化精准教学平台普及校，使用该平台三年来，全校 180 名教师都拥有教学终端，覆盖率达 100%，六年级全体学生使用学习终端（学生平板）进行上课活动。太行山路小学依托智慧化精准教学平台智慧课堂中的课堂检测、互动等模块，能够及时帮助教师反馈学生在课堂中的学习情况，并根据学情调整教学过程，以达到更好的教学效果。该校也运用了智慧化精准教学平台的书写、圈画功能，高效圈画出关键词，还运用了该平台的当堂检测功能直观统计学生的做题情况，正确率一目了然。另外，智慧化精准教学平台的全班作答功能可以帮助教师很好地展示学生的作品，并查看学生的提交情况，还能对学生的作品进行全班展示、交流、讲解。青岛西海岸新区兰亭小学依据智慧化精准教学平台智慧课堂学生学习、活动数据，形成学生学习水平的动态评估，形成靶向指导方案，并在学生德智体美劳"五育"方面，实现评价信息化，打造学生心理等方面的成长模型。同时家长也可以通过数据了解孩子在德智体美劳各维度的发展情况，了解孩子的学习情况，为家长辅助教学提供指导。

青岛市西海岸新区目前对于智慧化精准教学平台的应用十分广泛和深入，推动了青岛西海岸新区的教育信息化进程。通过构建数字化教学环境，促进了信息技术与教育教学的深度融合，有助于提升教育信息化水平，显著提升了青岛市西海岸新区的教育质量，未来青岛市西海岸新区应进一步挖掘深化该平台的功能，将其效益最大化。

除了上述平台之外，其他各区（市）、学校也自主探索和应用了各种体量较小的教学平台。

这些平台不仅提供了丰富的在线课程和学习资源，还通过 AI 技术为用户提供了个性化的学习推荐和反馈，实现 AI + 教育。例如在资源方面，有些平台上的资源包括文字、图片、视频等多种形式，涵盖了多个领域和学科。同时，有些平台还提供了多种学习工具和互动方式，如在线测试、学习计划、问答社区等，以帮助用户更好地进行自主学习和交流讨论。在技术方面，有些平台采用了先进的学习技术和数据分析工具，可以根据用户的学习历史和兴趣，为用户推荐合适的学习资源，并提供实时的学习反馈和评估。此外，有些平台还支持多种终端设备，如手机、电脑、平板等，用户可以随时随地访问和学习。

青岛西海岸新区张家楼小学利用各平台上的课程功能区帮助教师不断学习、成长，利用语音微课、视频、文档、文章、图文等创建教学内容，利用签到实行出勤考核，利用问卷进行学情调查和教学数据采集，利用提问、讨论、拍照、考试等设置教学互动，利用阶段性考核进行巩固提升。教师可以随时随地学习，考试通过，就说明知识得到了掌握，学习效果得以体现。青岛崇德小学在校内全面推广使用各种教学平台或管理软件，实现了课堂教学的多元化、全方位评价，真正抓住每一个孩子的闪光点。该校将人工智能技术与课堂进行有机融合，借助平台支持设计全学段课程体系。图形化编程软件通过人工智能服务扩展，实现图像识别、文字识别、语音识别、人体识别和自然语言处理等功能，并依托在线平台设计签到、投票、提问、考试、微课等多种互动丰富的课堂，并在后台记录学生数据形成过程性评价。

2.2　互联网学习环境建设（E）

图 2-1、图 2-2 分别为 2023 年青岛市和全国基础教育阶段学生视角的互联网学习平台资源环境情况对比，表 2-1 为青岛市和全国基础教育阶段学生视角的互联网学习平台资源环境情况指数。由上述图表可以看出：青岛市基础教育阶段学生对互联网学习平台和工具的满意度明显高于全国平均水平。具体来看，青岛市有 78.59% 的学生认为现有平台和工具能很好满足学习需求（完全符合和比较符合之和），而全国的这一比例为 58.90%。青岛市的数据均值为 4.10，明显高于全国均值 3.56，显示出青岛市的互联网学习资源在满足学生需求方面表现更佳。在获取互联网学习资源方面，青岛市有 77.88% 的学生认为容易获取（完全符合和比较符合之和），全国为 60.30%。青岛市数据均值为 4.08，同样高于全国的 3.58。综合来看，青岛市的学生对于互联网学习平台和资源的满意度较高，这可能与当地教育资源的投入、平台的质量以及互联网基础设施的完善程度有关。相较之下，全国其他地区在这些方面可能和青岛相比还存在一定的差距。

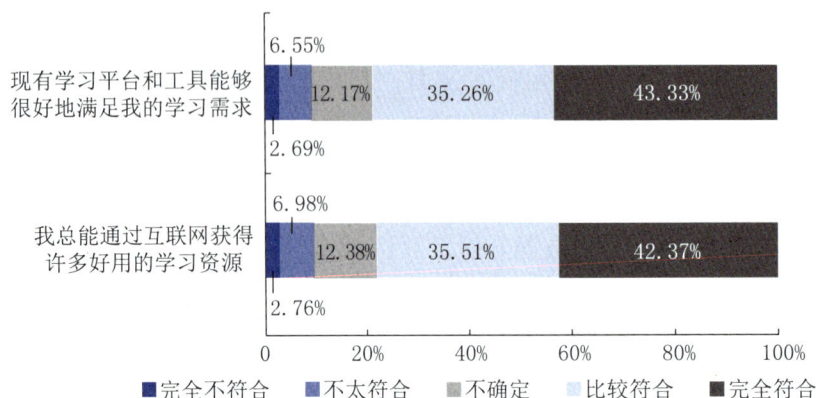

图 2-1　2023 年青岛市基础教育阶段学生视角的互联网学习平台资源环境情况对比

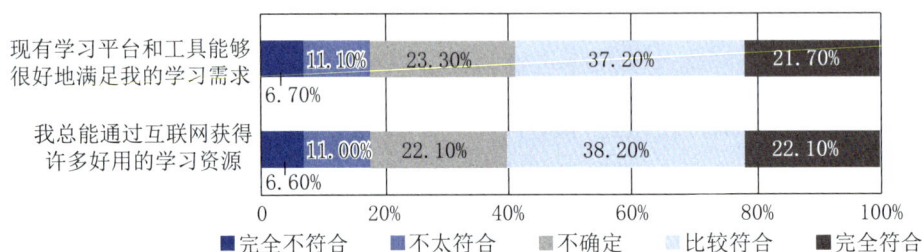

图 2-2　2023 年全国基础教育阶段学生视角的互联网学习平台资源环境情况对比

表 2-1　2023 年青岛市和全国基础教育阶段学生视角的互联网学习平台资源环境情况指数

	现有学习平台和工具能够很好地满足我的学习需求	我总能通过互联网获得许多好用的学习资源
青岛市	4.10	4.08
全国	3.56	3.58

　　在平台使用情况方面，如图 2-3 所示，从横向来看，青岛市 65.26% 的受调查学生表示使用的是国家中小学智慧教育平台，45% 左右的学生表示使用的是学校的网络平台或老师推荐的免费平台，40% 左右的学生表示使用的平台是地方教育平台或自己搜索的平台，仅有 7.43% 的学生表示使用的是购买的付费平台。根据调查结果，学生使用互联网学习平台的自主性较高；学校和教师给学生的互联网学习提供平台方面的支持，提高学生选择学习平台的效率并确保学习平台的质量，有利于增强学生利用互联网平台进行学习的效果。从纵向来看，对比青岛市与全国基础教育阶段学生在互联网学习平台使用情况，有几个显著的发现：首先在使用国家中小学智慧教育平台方面，青岛市基础教育阶段学生的使用比例达到 65.26%，而全国平均水平为 38.35%，这一差异可能反映出青岛市在推广国家级教育资源方面的积极性和成效。此外，青岛市学生在使用省级教育云平台的比例高达 42.12%，远高于全国平均的 26.40%。这一显著差异

可能表明，青岛市在省级教育云平台的资源分配和推广方面更为积极和有效，学生使用率较高也同时反映出青岛市地方教育政策对省级平台的重视。

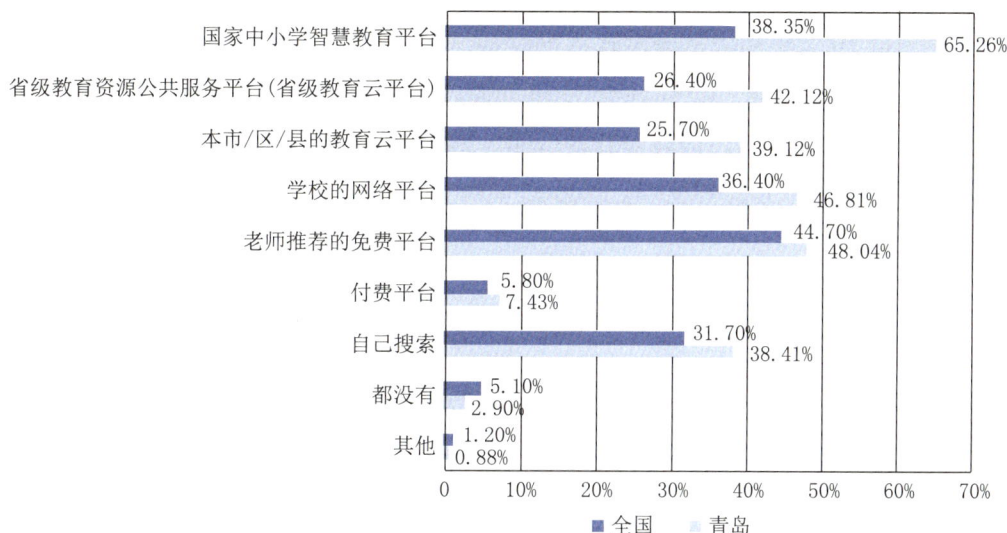

图 2-3　2023 年青岛市和全国基础教育阶段学生视角的平台使用情况对比

此外，青岛市 78.59% 的青岛学生认为现有学习平台和工具能满足他们的学习需求（完全符合和比较符合之和），表明大部分学生对当前的学习平台和工具较为满意。77.88% 的青岛学生表示能够通过互联网获得许多好用的学习资源，表明互联网资源丰富且易于获取，相比全国平均水平（60.30%），青岛学生更容易获得有用的学习资源。青岛市在学习平台和工具的满足度、网络卡顿的影响、学习资源的获取方面均优于全国平均水平。

2.2.1　学校和家庭网络环境基础

青岛市全部中小学、幼儿园建成标准化校园网，实现光纤接入和无线覆盖，中小学接入带宽达万兆。截止到 2023 年 9 月的数据显示，全市教育城域网主干网的带宽达到 100G，互联网出口的带宽达到 70G，学校接入的带宽达到 10G，全市所有中小学已建立无线网络，并且通过逐年提升网络速率、扩大教育城域网覆盖面积，保障全市中小学校顺畅开展智慧教学。未来，青岛市将继续增强网络的精准感知和科学管理能力，积极开展 IPv6、5G 等下一代互联网业务的部署，提升网络带宽与性能，学校网络以万兆接入教育城域网，通过 5G、Wi-Fi 等方式，实现校园无线网络全覆盖。全市强化网络安全保障，通过引入第三方运维服务支持，加强网络监管，及时更新补丁，修补漏洞，确保网络安全无虞。按照二级等保要求构建教育城域网网络架构，并定期开展等保测评，建成"两地三中心"的教育城域网数据中心，实现重要数据实时异地备份，构建完善的网络安全体系。

全市不仅推动各区（市）校园网络基础配置，还积极优化提升家庭网络宽带使用效果。2021年青岛市入选首批"千兆城市"，以5G、千兆光网为代表的"双千兆"网络，是支撑新型基础设施建设的"两翼"和"双轮"，青岛市力促数字经济发展及数字化转型，积极发展全市宽带网络搭建。至2022年初，从固网接入网层面来看，青岛基本上实现了全光化，固定宽带家庭普及率已达96%。此外，截至2021年底，青岛市建成开通5G基站2万余个，开通数量居全省第一；全市重点场所5G网络通达率96%，5G用户占比达30%，每万人拥有5G基站数达到17.12个；5G网络已实现主城区全面覆盖、区（市）城区连续覆盖，固定和移动网络普遍具备"千兆到户"的能力，网络质量全国领先。以上不仅是青岛市入选首批"千兆城市"的基础，也是全市数字化教学及智慧教学环境建设的强有力支撑。

2.2.2 互联网学习环境基座和资源基础

2.2.2.1 建成集"资源平台、业务数据、赋能场景"为一体的教育数字基座

青岛市紧跟新技术迭代步伐、坚持需求导向，先后投入约20亿元用于提升教育网络软件基础环境，为青岛教育数字化转型提供基础支撑。2013年全市启动智慧校园建设，2018年至2021年，对智慧校园进行了设备升级，实现了校园无线网络全覆盖、100%"班班通"进教室和校园一卡通应用。此外，还有300余所学校试点了移动终端的应用。遵循"城乡一体化发展"原则，青岛市投资2.2亿元，建成了744间同步课堂教室；另外，还投资4亿元，建成了779余间数字化实验室、学科教室、虚拟仿真实训室，建成智慧安防和一键报警系统，为智慧教学、智慧管理提供了硬件支撑。全市中小学全部达到了山东省智慧校园全覆盖工程的考核标准。全市持续加快推进智慧校园建设，全面升级"校校通""班班通"设备，实现网络万兆到学校、千兆到终端，无线网络全覆盖。全市建成集"资源平台、业务数据、赋能场景"为一体的教育数字基座，贯通"部、省、市、区、校"5级教育信息系统，汇聚31类专题数据，年均共享数据达千万量级，服务教育数字化转型。

青岛市西海岸新区为提升区域教育质量，全面推进区域教育优质均衡发展，并对办公教学设备进行全面升级。截至2023年3月，已为13 943名教师配备智能教学终端，为95 275名六年级、初中、高中学生配备智能学习终端，确保学习应用覆盖全体适龄学生。建成155所智慧学校、4 888间智慧教室，智慧校园实现全域覆盖。同时结合国家、省、市平台，建立统一互联互通的平台体系，打造"互联网＋教育"大平台，覆盖教育系统、学校内部和班级管理，实现信息化管理。通过在所有高中部署新高考典型场景示范应用，为初中和高中配备英语听说教考系统、数理化学科个性化学习系统，为65所学校配备虚拟实验室，科学打造智慧教育新场景。

2.2.2.2　建成丰富的同步课堂及录播教室资源

随着数字化教育资源及网络系统不断升级、内容持续优化、线上同步课堂、同步教研的推广，青岛市促进了城区优质教育资源与乡村学校和薄弱学校的共享，让教育更加均衡。数字化教学管理让青岛中小学焕发出新活力。截至 2022 年底，同步课堂教室数量大幅增长，全市已建成同步课堂教室 1 700 间、创新实验室 779 间，全市中小学实现了万兆网络接入和无线网络的全覆盖，线上同步课堂和同步教研等均已得到全面推广和应用。青岛市西海岸新区持续加强"专递课堂""名师课堂"和"名校网络课堂"三个课堂建设。针对"专递课堂"，青岛市西海岸新区在集团校内利用录播教室、直播平台，开展"双师课堂"试点建设与应用，促进优质学校与薄弱校教师"手拉手"，让更多薄弱校师生受益。针对"名校网络课堂"，青岛市西海岸新区依托智慧教育直播平台，统筹区内外名师资源，打造"青青益课"网络公益课堂，在全区开设了共 192 节公开课，累计吸引了近百万中小学生在线学习。针对"名师课堂"，青岛市西海岸新区积极探索区校一体化教研，构建教研资源库，实现教研过程及成果等资源线上留存，汇聚优秀教研资源，推进移动便捷式资源共享。未来，该区将继续探索"三个课堂"建设，逐步形成优质资源城乡一体化共享模式，缩短区域、城乡、校际差距，实现教育优质均衡发展。

青岛市为更好地推进数字化教育顺利开展，在优化完善智慧校园环境的建设的同时，更注重完善教学系统平台搭建，汇聚优质功能与工具。市域内教育类平台、系统按照青岛教育 e 平台接口标准建设，并实现了统筹接入，推进青岛教育 e 平台升级改版，汇聚国家、省、市千万量级大资源，实现了全学段、全学科、全版本教材的覆盖，为全市中小学校提供"平台＋资源"的一站式服务，并继续推进全国智慧教育示范区创建，打造青岛教育 e 平台 2.0 升级版，建设中小学智慧作业管理系统和虚拟学习班级系统，融合对接国家中小学智慧教育平台，积极探索数据资源助学、助教、助管、助研，推出一批智慧校园建设应用示范校、典型数字应用场景和优质教学应用软件，加强新技术融合应用和信息化赋能教育教学的研究与实践，实施教育信息化人才培养工程，启动信息学名师工作室建设，推进教育数字化转型。

2.2.3　管理者视角的互联网环境建设

对比图 2-4、图 2-5，分析青岛市和全国基础教育阶段学校管理者视角的互联网资源情况可知，58.74% 的青岛市学校管理者认为他们的学校拥有稳定运行的线上教学平台，25.87% 的青岛学校管理者认为情况"比较符合"，均高于全国平均值，表明青岛市大多数学校拥有有效的线上教学平台，且高于全国平均水平；53.15% 的青岛市学校管理者表示学校已将优秀资源或特色教育资源放在互联网上共享，30.07% 的青岛市学校管理者表示此项情况"比较符合"，这反映了青岛市学校在资源共享方面的积极性；58.04% 的青岛学校管理者认为他们的学校已建立校本资源库，高于全国的平均值 29.40%，说明青岛市学校在校本教育资源的建设上更为积极。

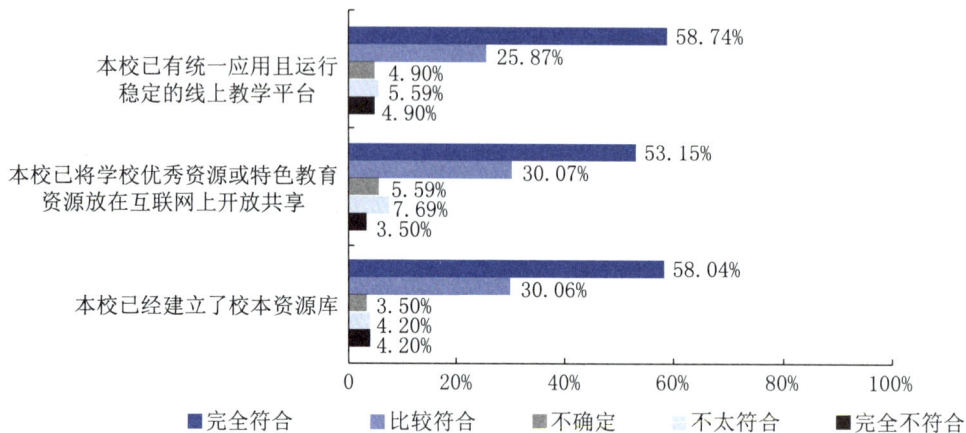

图 2-4　2023 年青岛市基础教育阶段学校管理者视角的互联网资源占比情况

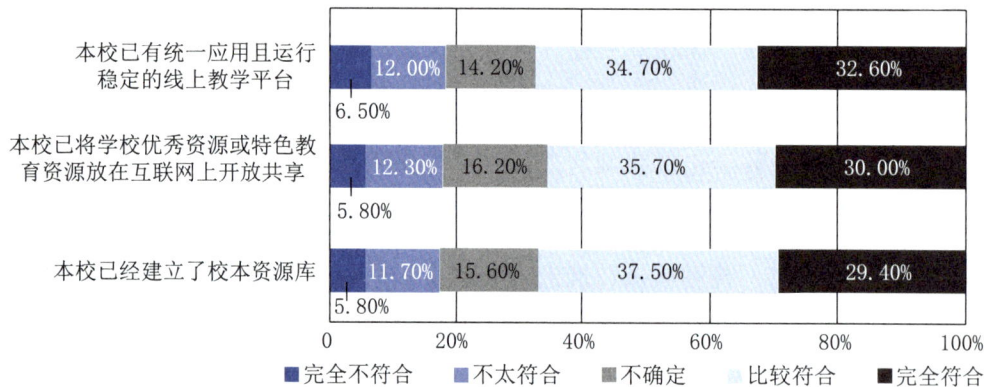

图 2-5　2023 年全国基础教育阶段学校管理者视角的互联网资源占比情况

表 2-2　2023 年青岛市和全国基础教育阶段学校管理者视角的互联网资源指数情况

	本校已经建立了校本资源库	本校已将学校优秀资源或特色教育资源放在互联网上开放共享
青岛市	4.34	4.22
全国	3.73	3.72

2.2.3.1　学校平台与资源情况

　　青岛市受调查的学校管理者所在学校的平台与资源的建设情况如上图 2-4 和图 2-6 所示。调查结果显示学校在校本资源库、优秀特色资源或特色教育资源开放共享、线上教学平台的"比较符合"和"完全符合"合计占比分别为 88.10%、83.22%、84.61%，指数均在 4.00 以上，处在较高水平。其中校本资源库的指数达到 4.34，表明青岛市基础教育学校近年着力于校本资源库的建立，各个地区在打通市级区级平台、实现资源共享上加大投入，在平台与资源建设和配备方面取得了显著成效，使信息技术在帮助师生有效利用教学资源方面发挥了重要作用。

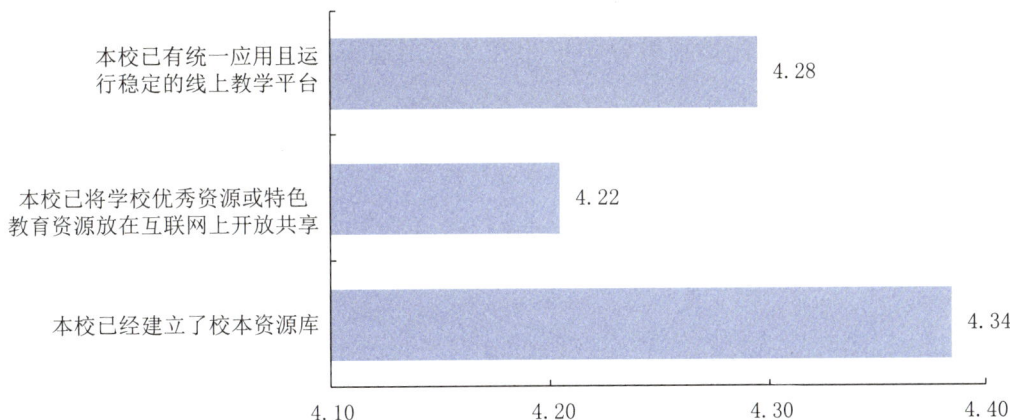

图 2-6　2023 年青岛市基础教育阶段学校管理者视角的互联网资源指数情况

2.2.3.2　平台资源来源

受调查的青岛市学校管理者所在学校的平台资源的来源情况如图 2-7 所示。超过九成的受调查学校管理者所在学校使用国家中小学智慧教育平台，接近七成的学校管理者所在学校提供给师生使用的学习资源来源于互联网公益性资源，同时，使用学校自建资源、购买资源、兄弟学校互联共享资源的学校比例也接近半数，这表明青岛市基础教育阶段学校目前以公益性资源为主。学校自建资源的比例接近五成，表明学校教学资源的指向性和个性化已逐渐形成规模，教学资源来源逐渐丰富，这将有助于互联网教育平台的推进。

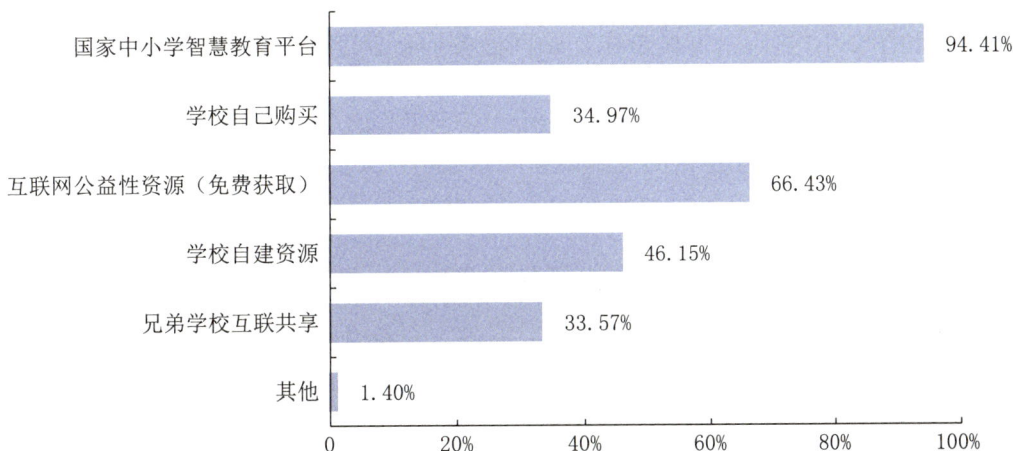

图 2-7　2023 年青岛市基础教育阶段学校管理者视角的互联网平台与系统情况

如图 2-8 所示，通过对比分析可知：（1）青岛市有较高比例的学校（46.15%）使用学校自建资源，高于全国平均水平（26.60%）。这表明青岛市近半数学校在教学资源方面投入较大，具备较强的校本资源建设能力。（2）94.41% 的学校使用国家中小学智慧教育平台，高于全国平均水平（88.50%）且互联网公益性资源的使用比例为 66.43%，也高于全国平均水平（55.00%）。说明公益性资源在基础教育学校的普及使用这一趋势在全国范围内已成为普遍实践。（3）33.57% 的学校通过兄弟学校互联共享获取资源，高于全国平均水平（18.20%），说明青岛市的学校相对重视资源的互联与共享。（4）青岛市 34.97% 的学校自己购买平台资源，与全国学校自己购买教育资源的比例接近。

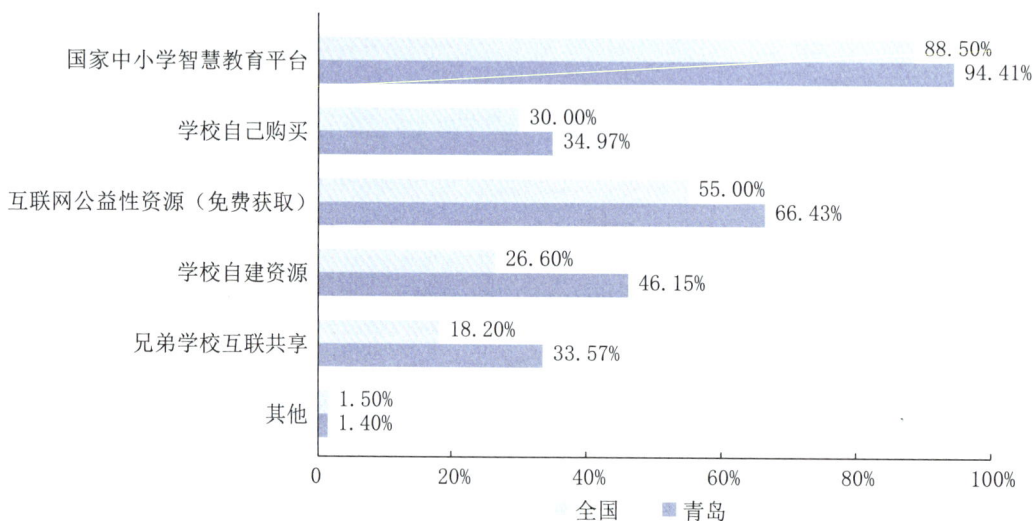

图 2-8　2023 年青岛市与全国在基础教育阶段学校管理者视角的互联网平台与系统情况对比

2.2.3.3　互联网终端设备

如图 2-9 和图 2-10 显示，青岛市在互联网设备的覆盖度、教学和办公的网络保障等方面都处于较高水平。

受调查的学校管理者所在学校的技术设备的建设情况如图 2-9、2-10 所示。学校开展互联网教学和学习的完全不符合占比为 54.55%，得分指标仅有 2.29。学校在技术团队、教师互联网教学设备、校内网络覆盖完全符合占比都在 60% 以上，指标均在 4.40 以上，为教师配备互联网教学设备指数达到 4.75，学生互联网学习设备完全符合占比为 53.15%，表明青岛市大部分基础教育学校对互联网教育硬件终端设备普及的重视，为教师和学生配备了终端设备，支持教师和学生线上教学。

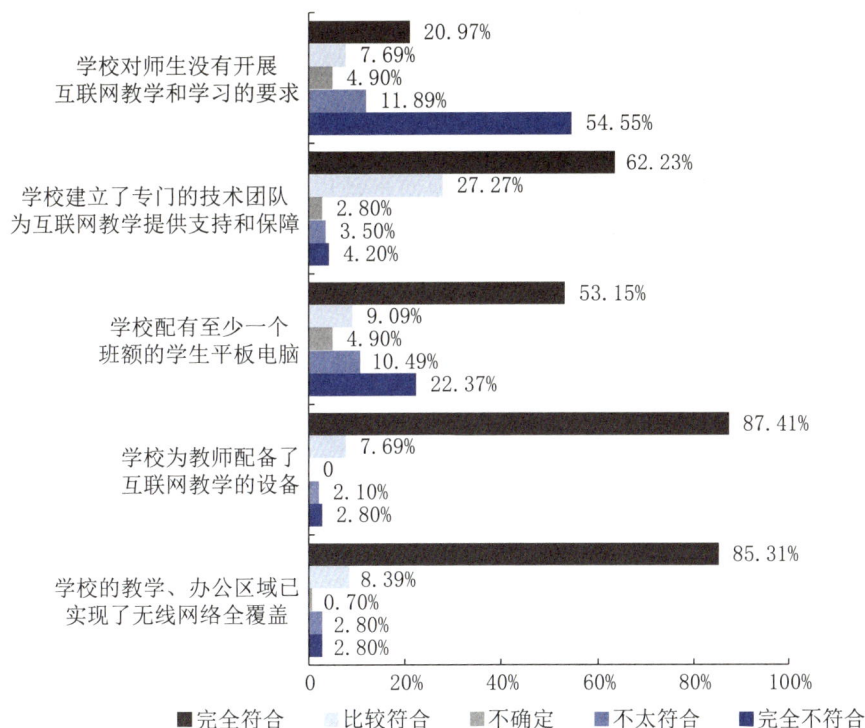

图 2-9　2023 年青岛市基础教育阶段学校管理者视角的学校互联网技术设备建设占比情况

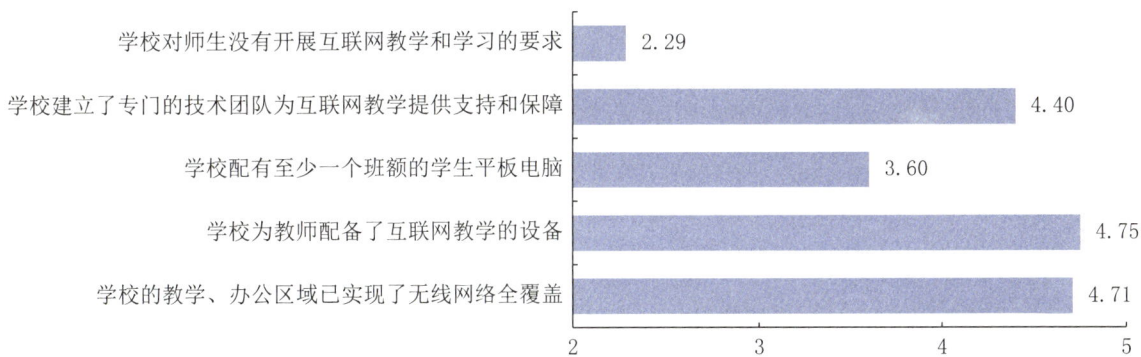

图 2-10　2023 年青岛市基础教育阶段学校管理者视角的学校互联网技术设备建设指数情况

2.2.4　教师视角的互联网环境建设

2.2.4.1　互联网教学平台与资源

青岛市受调查学校教师所在学校的平台资源环境情况如图 2-11 所示，该图显示，针对能够轻松获取符合教学需求的多样化网络教学资源，认为"比较符合"和"完全符合"的合计占比超八成。这一方面表明青岛市大多数基础教育学校的教师具有较高的互联网信息素养，另一方面，它反映了教师所处的信息平台环境良好，便于获取资源。在互联网教学平台获取方式方面，如图 2-12 所示，88.21% 的青岛市受调查教师表示使用国家中小学智慧教育平台，58.46%

的受访教师表示通过自行搜索获取互联网教学平台，54.13% 的受访教师表示使用市级教育资源公共服务平台，50.20% 的受访教师表示使用省级教育资源公共服务平台，而 36.49% 的受访教师表示使用学校购买的资源平台。国家、省、市级教育资源公共服务平台在教师中的普及，表明国家、地方政府对打造教育资源平台的重视，半数以上的受访教师有过自行搜索互联网教学平台使用的经历，这体现了这些教师出色的信息素养和扎实的信息技能。

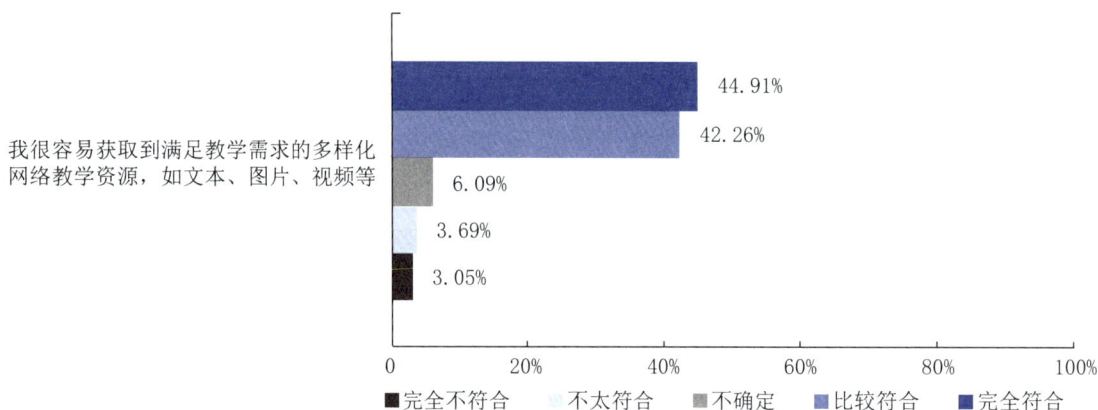

我很容易获取到满足教学需求的多样化
网络教学资源，如文本、图片、视频等

44.91%
42.26%
6.09%
3.69%
3.05%

0   20%   40%   60%   80%   100%
■ 完全不符合   ■ 不太符合   ■ 不确定   ■ 比较符合   ■ 完全符合

图 2-11 2023 年青岛市基础教育阶段教师视角的互联网学习平台资源环境情况占比

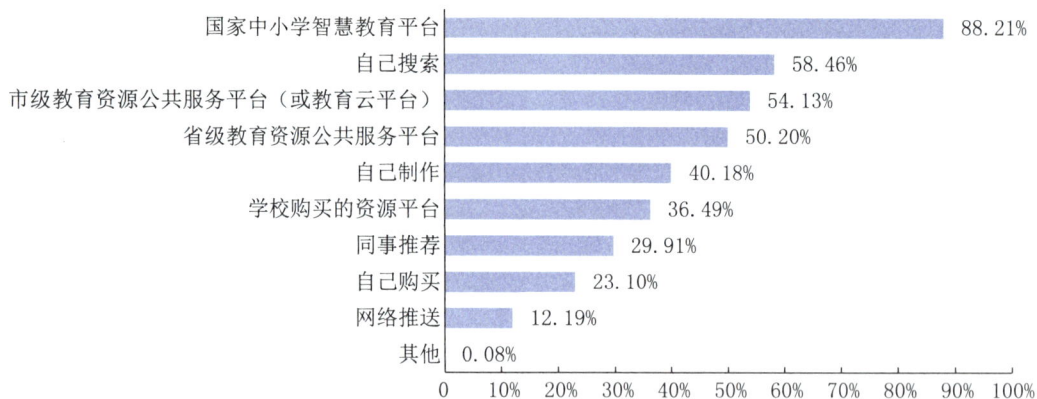

国家中小学智慧教育平台 —— 88.21%
自己搜索 —— 58.46%
市级教育资源公共服务平台（或教育云平台）—— 54.13%
省级教育资源公共服务平台 —— 50.20%
自己制作 —— 40.18%
学校购买的资源平台 —— 36.49%
同事推荐 —— 29.91%
自己购买 —— 23.10%
网络推送 —— 12.19%
其他 —— 0.08%

0 10% 20% 30% 40% 50% 60% 70% 80% 90% 100%

图 2-12 2023 年青岛市基础教育阶段教师视角的互联网教学平台获取方式

2.2.4.2 互联网教学基础设施

青岛市受调查学校教师所在学校的互联网平台技术环境如图 2-13 所示，针对平台能满足自己的教学需求，认为"比较符合"和"完全符合"的合计占比超八成，这表明青岛市基础教育学校的教师对于平台基础设施的教学活动支持方面的满意度较高，现有的互联网技术平台能够支持教师的互联网教学活动需求。

调查也显示，青岛市教师认为现有教学平台和应用能够支持多样化的教学活动，其中46.59% 的教师完全同意，43.62% 的教师比较同意。这反映出青岛市的教学技术环境较为成熟，

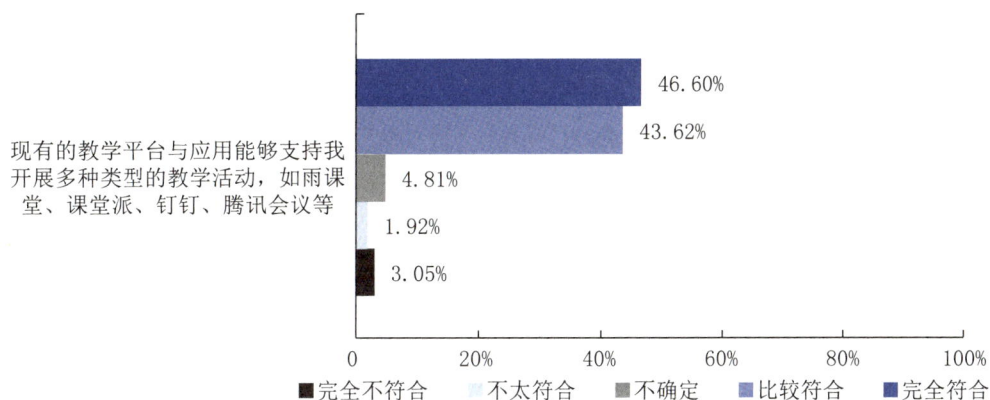

图 2-13　2023 年青岛市基础教育阶段教师视角的互联网平台技术环境情况

能够满足教师多元化的教学需求。对比青岛市与全国数据能看出，青岛市的教师在认为教学平台完全符合需求方面（46.59%）高于全国平均水平（24.30%），青岛市的教育技术环境更能契合当地教师的需求。

2.2.4.3　互联网教学资源

青岛市受调查学校教师所处环境的互联网教学资源种类情况如图 2-14 所示，88.45% 的教师使用教学素材类资源开展互联网教学，而 73.54% 的教师使用在线教学类工具开展网络教学，55.49% 的教师使用资源制作类工具开展教学。调查数据显示，教学素材类资源，如课件、习题、微课、MOOC 等资源最受青岛市基础教育教师青睐，八成以上的教师通过该类资源实施教学，第二、第三受欢迎的资源种类为在线教学类工具以及资源制作类工具，分别占七成和五成以上。

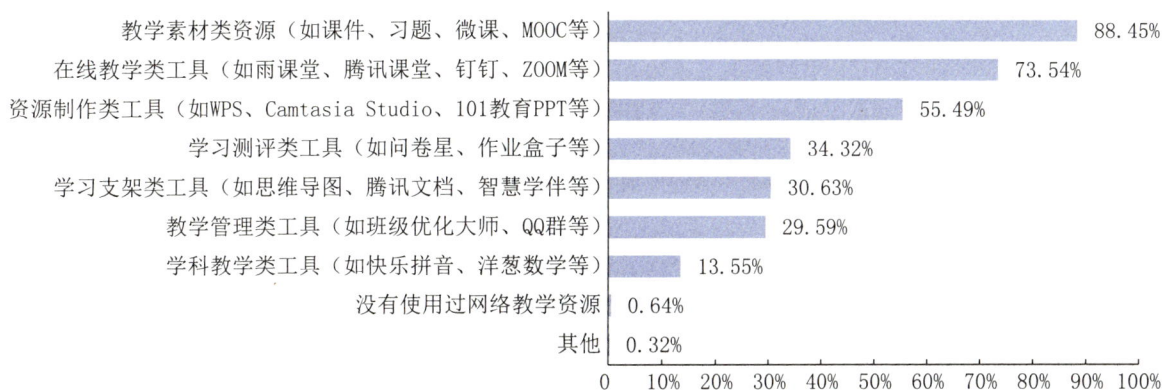

图 2-14　2023 年青岛市基础教育阶段教师视角的互联网教学资源种类

如图 2-15 所示，从青岛市的数据来看，超过八成的教师表示能够轻松获取符合教学需求的多样化网络教学资源。这一方面表明青岛市大多数基础教育学校的教师具有较高的互联网信息素养，另一方面反映了教师所处的信息平台环境良好，便于获取资源。对比分析青岛市和全国的数据可知，青岛市教师认为互联网学习平台资源能完全满足教学需求的比例（44.91%）高于全国平均水平（25.30%）。这表明青岛市在网络教学资源的丰富性和可访问性方面优于全国平均水平。

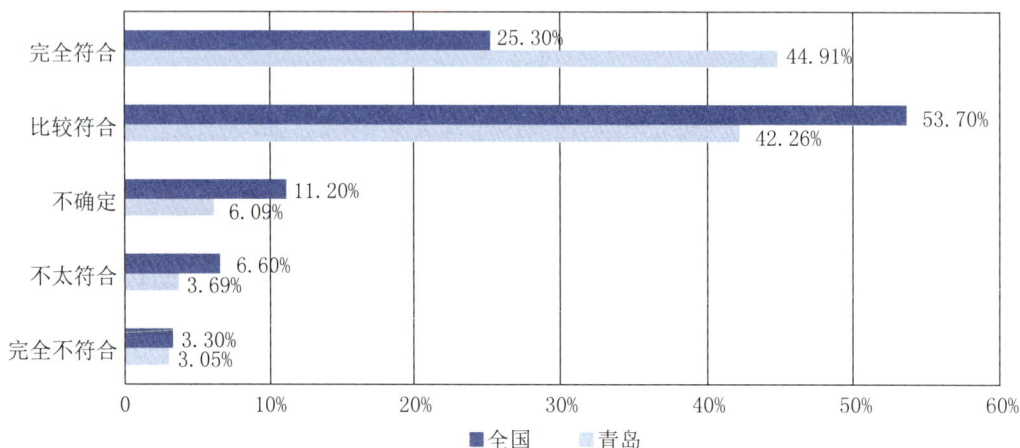

图 2-15　2023 年青岛市和全国基础教育阶段教师视角的互联网学习平台资源环境情况对比

2.2.4.4 互联网教学环境障碍

青岛市受调查学校教师所处环境的互联网教学面临的主要障碍如图 2-16 所示，46.83% 的教师认为网络环境的不稳定性是主要障碍，38.73% 的教师认为难以快速获取所需资源是开展互联网教学的主要障碍，32.24% 的教师认为自己技术应用能力不足，导致互联网教学开展不顺。调查数据显示，造成互联网教学开展不顺、障碍众多的主要问题集中于技术环境、资源环境以及教师信息素养的培养上。

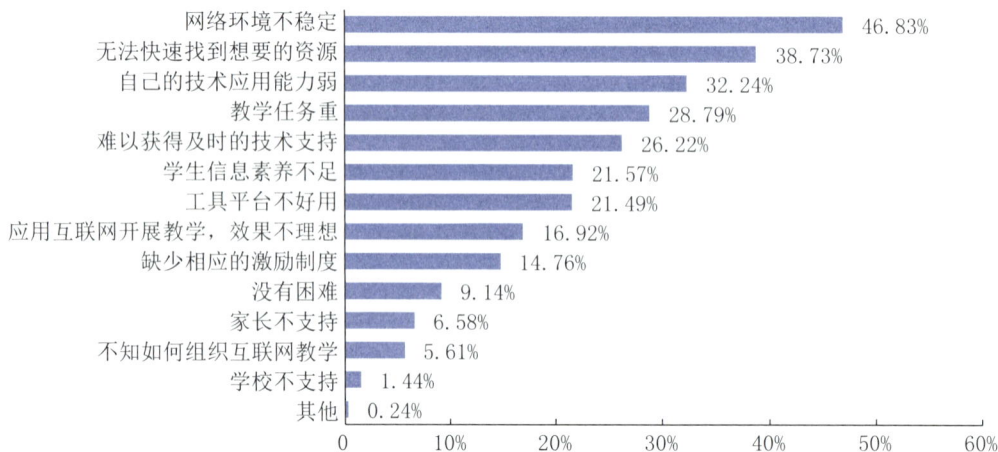

图 2-16　2023 年青岛市基础教育阶段教师视角的互联网教学环境主要障碍

2.2.5 学生视角的互联网环境建设

2.2.5.1 互联网学习平台与系统

青岛市受调查学生所在学校的平台资源环境情况如图 2-17 和图 2-18 所示，针对现有互联网平台资源环境在满足学生需求和获取好用信息资源方面，认为"完全符合"和"比较符合"的合计占比均超过 70%，且均约为 4.00 的高指数。青岛市基础教育阶段教师互联网教学能力的各维度指数均在 4.00 以上，学习者的互联网安全的指数达到 4.32，信息与数据素养指数为 4.25，这证明青岛市基础教育学校的学生的互联网信息素养较高。

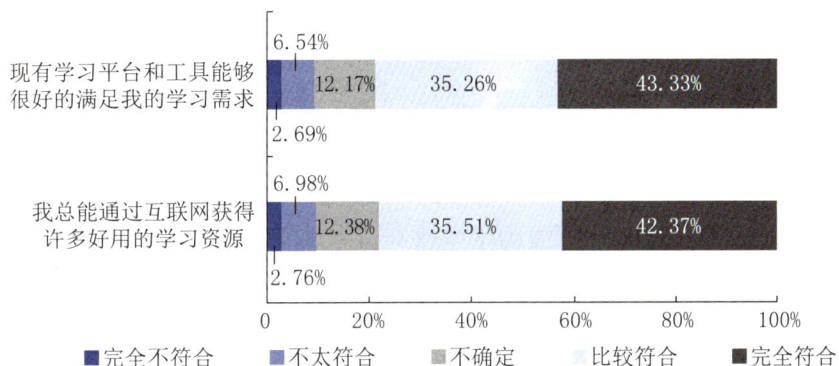

图 2-17　2023 年青岛市基础教育阶段学生视角的互联网学习平台资源环境情况

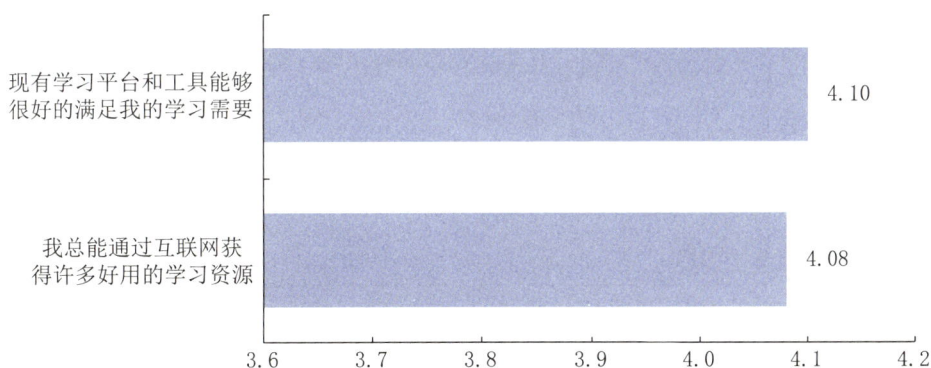

图 2-18　2023 年青岛市基础教育阶段学生视角的互联网学习平台资源环境情况指数

在平台使用情况方面，如图 2-19 所示，65.26% 的受调查学生表示使用的是国家中小学智慧教育平台，45% 左右的学生表示使用的是学校的网络平台或老师推荐的免费平台，40% 左右的学生表示使用的平台是地方教育平台或自己搜索的，仅有 7.43% 的学生表示使用的是购买的付费平台。根据调查结果，学生使用互联网学习平台的自主性较高；学校和教师给学生的互联网学习提供平台方面的支持，提高学生选择互联网学习平台的效率并确保学习平台的质量，有利于增强学生利用互联网学习平台进行学习的效果。

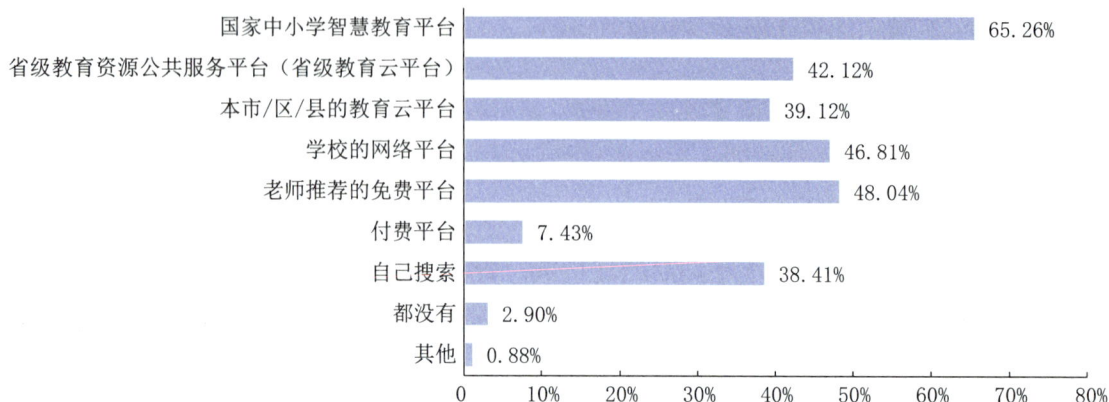

图 2-19　2023 年青岛市基础教育阶段学生视角的平台使用情况

2.2.5.2　互联网学习终端设备

青岛市受调查的学生所处环境的终端设备类型使用情况如图 2-20 所示，智能手机是学生最常接触到的终端设备，之后依次是平板电脑、笔记本电脑和台式电脑。随着智能手机的普及以及其功能的不断完善，智能手机成为学生进行互联网学习的主要设备，占比达到 75.88%；其次是平板电脑和笔记本电脑，占比分别为 54.99% 和 39.55%，这表明学生进行互联网学习时更倾向选择便携式设备。

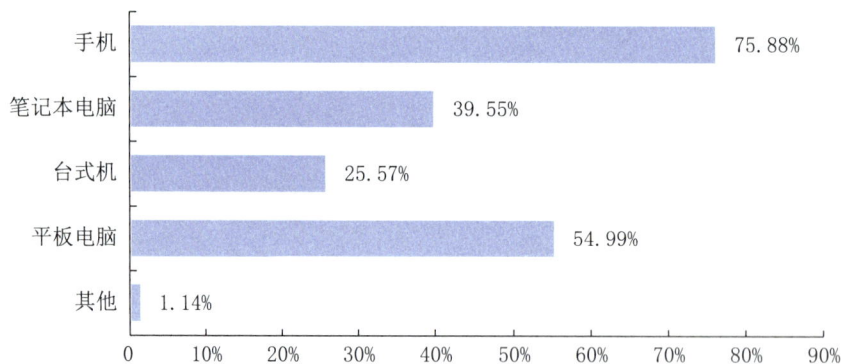

图 2-20　2023 年青岛市基础教育阶段学生视角的终端设备类型

2.2.5.3　互联网学习基础设施

受调查的学生所在学校的平台基础设施情况如图 2-21 和图 2-22 所示，现有的互联网学习平台基础设施在满足学生需求和平台资源质量方面都表现得不错，认为"比较符合"和"完全符合"的合计占比均在 90% 左右，且满意度指数均在 4.00 以上；认为网速满足自己需求的"比较符合"和"完全符合"的合计占比在 80% 左右，相关指数为 3.72。青岛市基础教育阶段学生运用互联网信息平台的能力与技能较为熟练，平台基础设施实用性与易用性兼顾，为学生创造了良好的互联网学习平台环境。

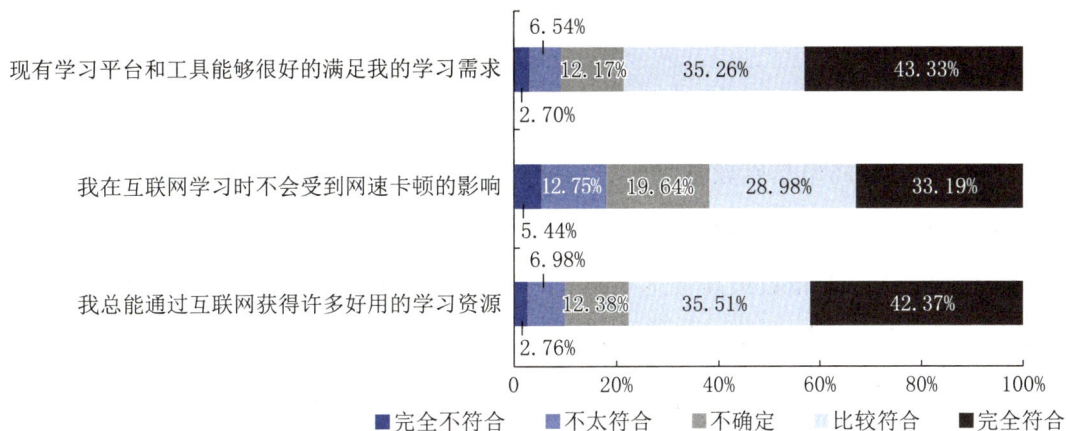

图 2-21　2023 年青岛市基础教育阶段学生视角的互联网学习平台基础设施占比情况

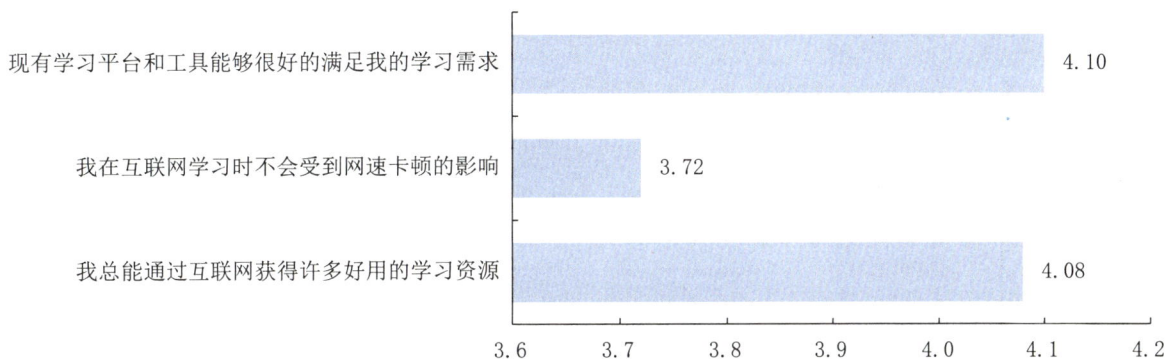

图 2-22　2023 年青岛市基础教育阶段学生视角的互联网学习平台基础设施得分情况

2.2.5.4　互联网学习场所

青岛市受调查的学校学生所处环境的互联网学习场所情况如图 2-23 所示，93.94% 的学生选择在家中进行互联网学习，而 42.94% 的学生在学校参与互联网学习。调查数据显示，大多数的青岛市基础教育阶段学生更倾向于在家中参与互联网学习。

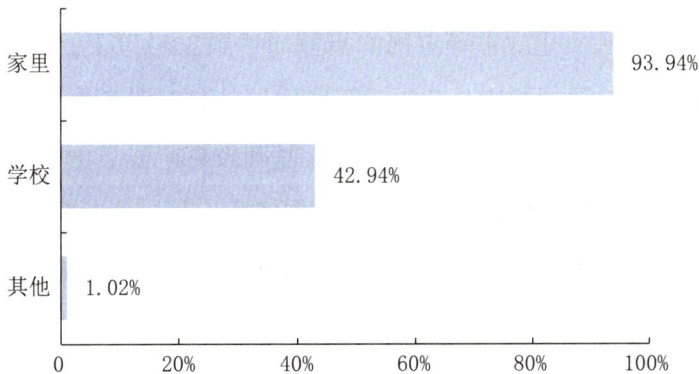

图 2-23　2023 年青岛市基础教育阶段学生视角的互联网学习场所

2.3 师生互联网应用现状（A）

图 2-24 展示了青岛市基础教育阶段教师的互联网教学应用情况。青岛市基础教育阶段教师的互联网教学应用的各维度指数（除应用方式外）均在 4.00 以上，达到较高水平。其中，教师互联网教学应用意愿指数最高，达 4.22。教师互联网教学应用效果指数为 4.12，教师互联网教学应用频率指数为 4.19。随着信息化在教育教学中广泛地渗透与融合，教师们利用互联网进行教学的需求愈发强烈，从而使得教师对互联网教学工具与资源的使用更加频繁，这让互联网教学应用取得了不错的教学效果，进一步促进了教师的应用意愿。另一方面教师的对互联网教学日益增长的热情和强烈意愿也带动了更好的教学效果，二者相辅相成。在互联网教学应用方式上还可继续优化提升。

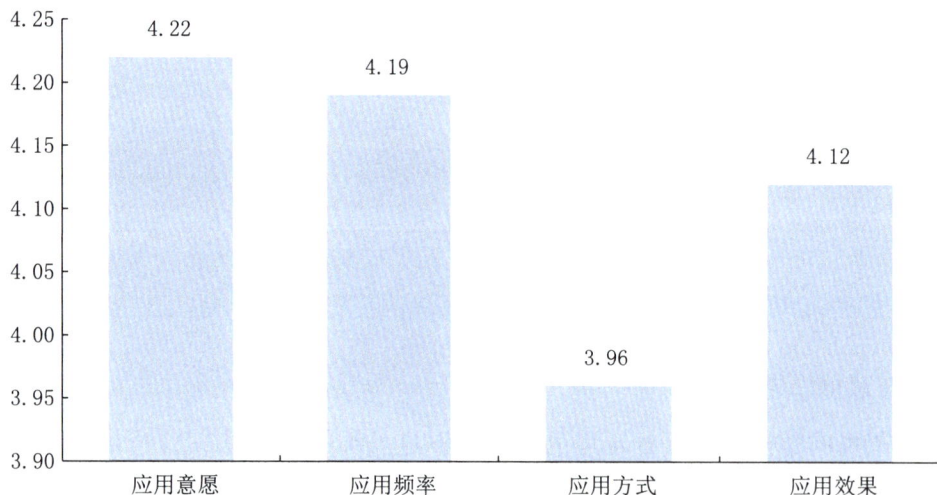

图 2-24 2023 年青岛市基础教育阶段教师互联网教学应用发展指数情况

图 2-25 所示为青岛市基础教育阶段学生的互联网学习应用情况。其中，学生在互联网学习的应用频率、应用方式和应用效果等方面的指数均达到 3.00 以上。学生互联网学习的应用意愿较强，指数为 4.13。与教师相比，学生对互联网等信息时代产物通常表现出更高的兴趣，因此有着较强的应用意愿。在使用互联网学习时，基础教育阶段学生大多处于被引导的状态，因此，尽管学生有着较高的参与互联网应用意愿，但实际应用频率、应用方式以及应用效率上还需要教师进行有效的引导和帮助，使学生通过互联网开展更多类型的学习活动，取得更好的学习效果。

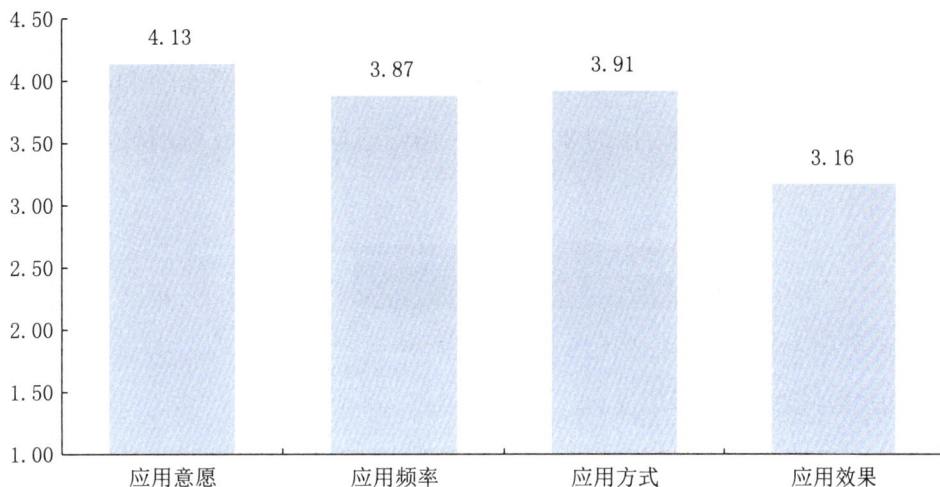

图 2-25　2023 年青岛市基础教育阶段学生互联网学习应用发展指数情况

2.3.1　师生应用意愿

2.3.1.1　教师应用意愿

如图 2-26 所示，对青岛市基础教育阶段教师的互联网应用意愿调查中，认为"完全符合"和"比较符合"经常利用互联网开展教学的教师超八成，发展指数达到 4.22，说明教师对互联网教学应用持积极接纳、主动推进的态度。

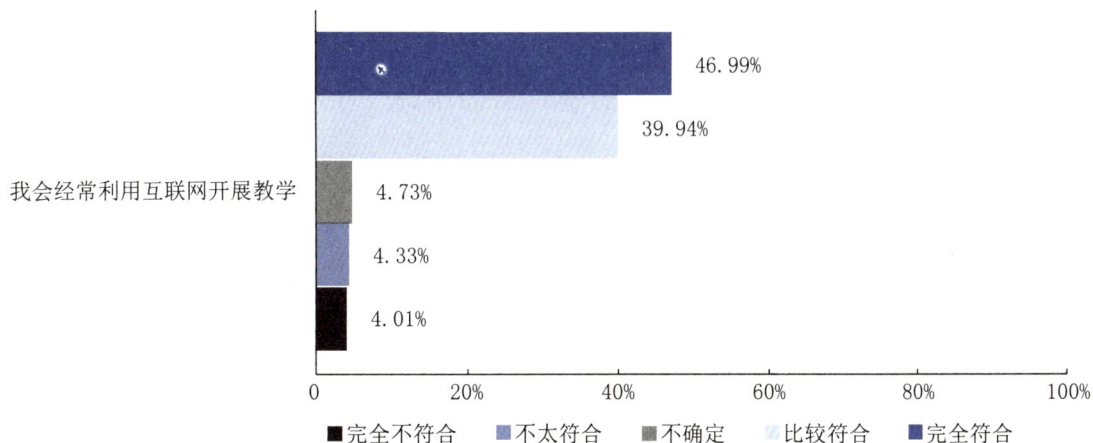

图 2-26　2023 年青岛市基础教育阶段教师互联网教学应用意愿占比

2.3.1.2　学生应用意愿

青岛市有 71.37% 的学生表示经常或比较经常利用互联网进行学习，其中 37.37% 的学生完全符合这一描述。这表明青岛市的学生普遍对互联网学习有较高的参与度和积极性。与全国数据的对比：青岛市学生在经常利用互联网进行学习的比例（37.37%）明显高于全国平均水平

（19.70%），反映了青岛市在教育信息化和互联网学习资源方面的优势。如图 2-27 所示，对青岛市基础教育阶段学生互联网应用意愿的调查中，认为自己"完全符合"和"比较符合"非常愿意利用互联网进行学习的合计占比约 80%，这一学习意愿有助于互联网教学的推广。

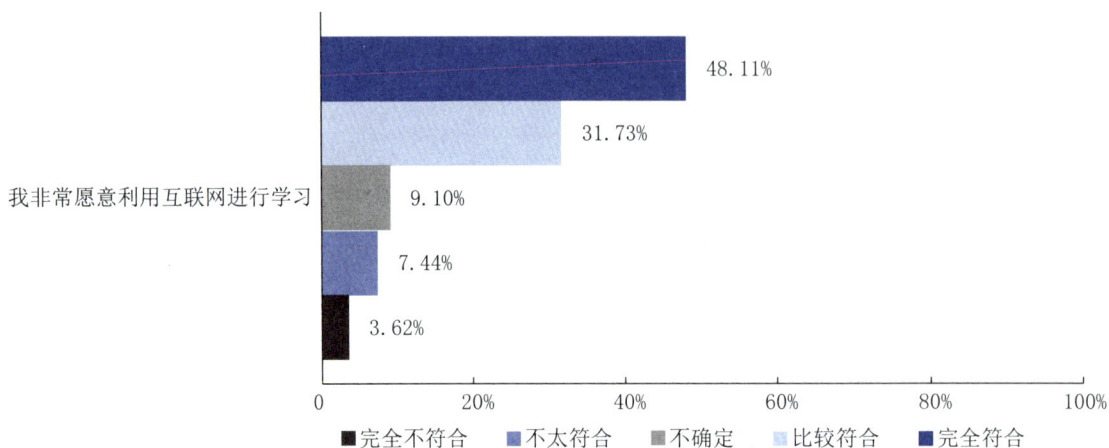

图 2-27　2023 年青岛市基础教育阶段学生互联网学习应用意愿占比

2.3.2 师生应用频率

2.3.2.1 教师应用频率

如图 2-28 所示，在青岛市的受调查教师中，有 16.52% 的教师每天用于进行互联网教学的准备工作时间超过 3 个小时；有 65.03% 的教师每天用来进行互联网教学准备的时间为 1—3 小时；有 18.44% 的教师每天用来进行互联网教学准备的时间低于 1 小时。

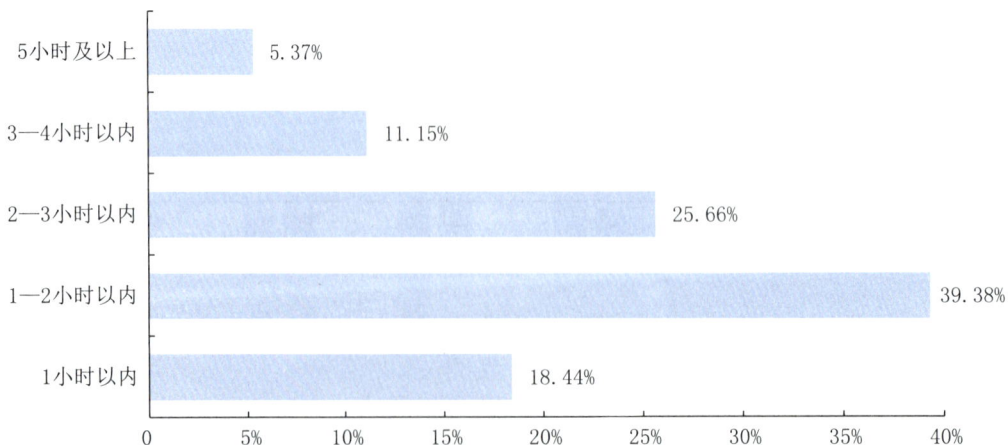

图 2-28　2023 年青岛市基础教育阶段教师每天用于进行互联网教学的准备工作时间

如图 2-29 和图 2-30 所示，在青岛市基础教育阶段教师互联网应用频率的调查中，教师在课堂教学中经常利用互联网提供的资源和工具方面的能力发展水平最高,"完全符合"和"比较符合"的合计占比达到 90.77%,发展指数为 4.31;而教师采用线上线下混合式教学作为主要教学形式方面,"完全符合"和"比较符合"的合计占比为 81.00%,发展指数为 4.06,可见相对于教学形式的变化,目前青岛市基础教育阶段教师对于使用互联网提供的工具与资源更为熟练。

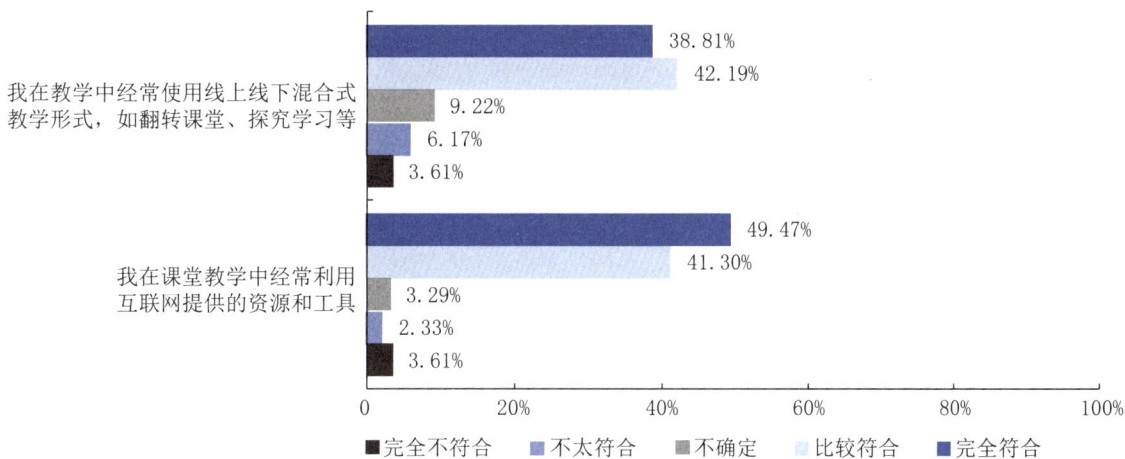

图 2-29　2023 年青岛市基础教育阶段教师互联网教学应用频率占比

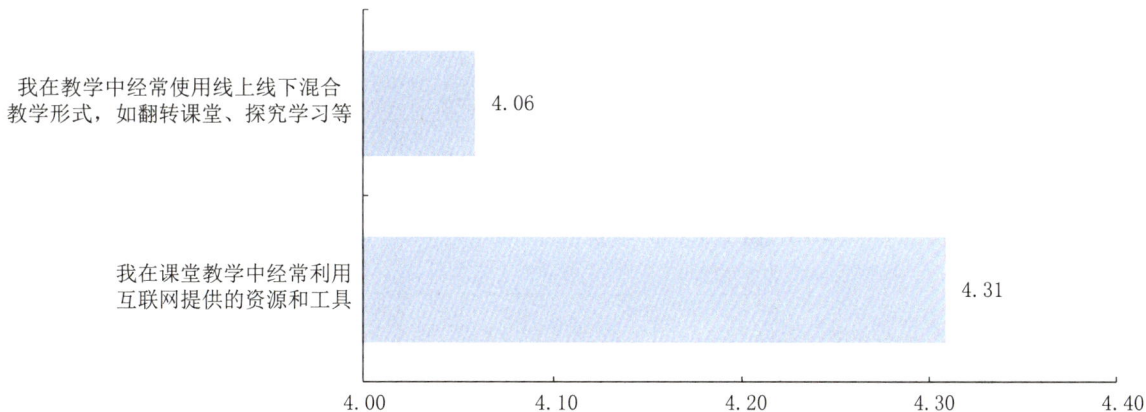

图 2-30　2023 年青岛市基础教育阶段教师互联网教学应用频率指数情况

2.3.2.2　学生应用频率

如图 2-31 所示,受调查学生中,19.53% 的学生每天利用互联网学习时长大于 1 个小时;34.93% 的学生每天利用互联网学习时长为 0.5—1 小时;36.25% 的学生每天利用互联网学习时长为 0.5 小时以内;仍有 9.29% 的学生不使用互联网进行学习。上述情况的原因在于:一方面学校与家长可能对学生自由使用互联网存在一定顾虑,从而限制了其上网的总时长;另一方面学生对互联网娱乐功能的兴趣超过学习功能,因此在使用互联网的时间分配上并未将更多时间分配给学习。

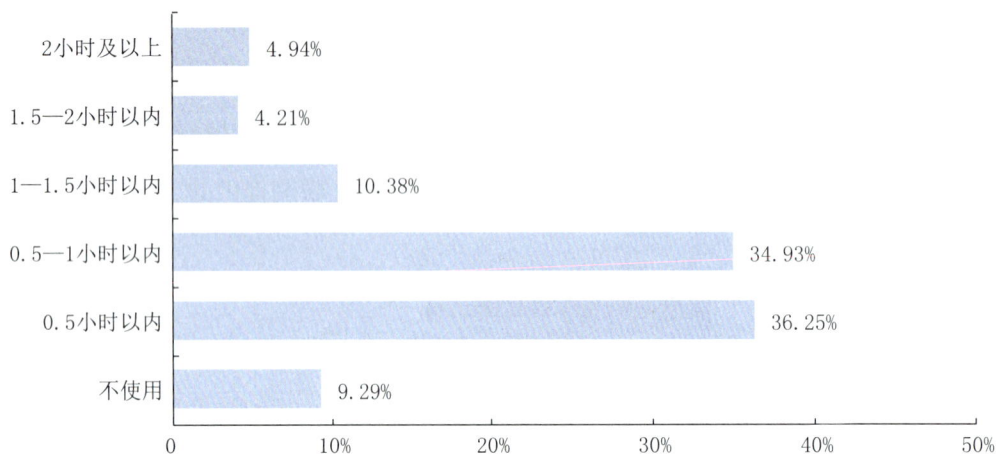

图 2-31　2023 年青岛市基础教育阶段学生每天利用互联网学习时长

如图 2-32 所示，在青岛市基础教育阶段学生互联网应用频率的调查中，"完全符合"和"比较符合"合计为 71.37% 的学生会经常利用互联网进行学习，总体表明学生对互联网学习有积极意愿。

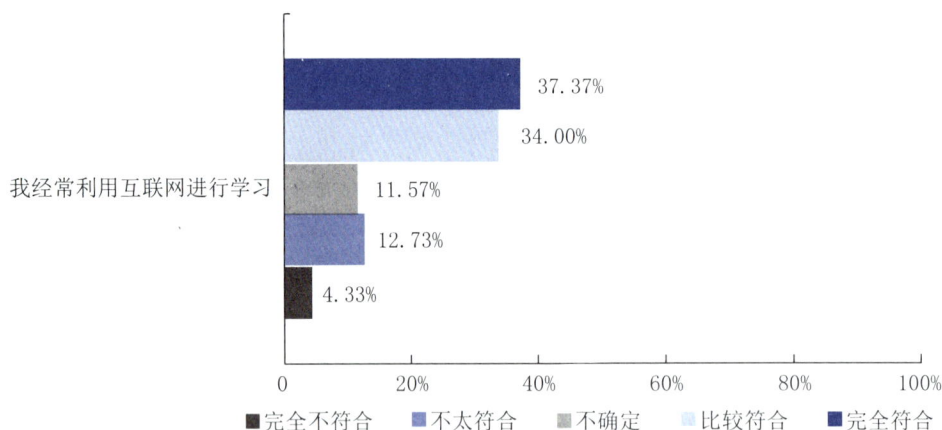

图 2-32　2023 年青岛市基础教育阶段学生互联网学习应用频率占比

2.3.3 师生应用方式

2.3.3.1 教师应用方式

教师经常在教学中利用互联网开展各种教学活动，这样的情况的占比稳定在 80% 左右。对青岛市基础教育阶段教师互联网应用方式的调查中，88.45% 的教师在互联网的支持下开展过课堂教学，82.76% 的教师开展过线上教学，66.80% 的教师开展过线上线下混合式教学，19.57% 的教师开展过同步课堂，而 15.80% 的教师开展过翻转课堂。目前青岛市已试点基于移动端的"翻转课堂"、基于资源应用的无终端混合式学习、基于"e 课堂"教学系统的线上教学等信息化教学模式，智慧教学模式初步形成。通过调查，青岛市基础教育阶段教师同步课堂和翻转课堂作为相对新型的课堂模式有待更进一步开发。在对青岛市基础教育阶段教师开展的互联网教学活动的调查中，86.77%的教师分享过学习资源，84.68%的教师发布过学习任务，74.98%的教师进行过讲授。

2.3.3.2　学生应用方式

对青岛市基础教育阶段学生互联网应用方式的调查中，近七成的学生经常参与多种类型的互联网学习活动，包括在线测试、视频会议、在线课程等。学生利用互联网参与的学习活动丰富充实，62.28%的学生通过在线课程或观看直播讲座学习，61.38%的学生向老师或同学请教问题沟通交流，而近半数的学生参与了教师组织的教学活动。在对青岛市基础教育阶段学生体验教师利用互联网开展活动的调查中，88.71%的学生接收过学习任务，有88.05%的学生听过教师线上讲课，有较高比例的学生体验过以下活动：听教师进行作业点评、接受学习指导、进行交流讨论以及分享学习资源等。

2.3.4　师生应用效果

青岛市有44.91%的教师认为互联网学习平台和工具能完全满足教学需求，高于全国平均的25.30%。青岛市学生对互联网学习平台和工具的满意度显著高于全国平均水平。78.59%的青岛市学生认为现有互联网平台和工具能很好地满足学习需求，而全国平均水平为59.90%。在获取互联网学习资源方面，77.88%的青岛市学生认为互联网学习资源容易获取，而全国平均水平为60.30%。青岛市学生对智能手机的依赖度（75.88%）略低于全国平均水平（83.70%），在使用互联网学习设备方面呈现出多样化的趋势。此外，青岛市学生使用平板电脑的比例（54.99%）明显高于全国平均水平（32.20%）。与全国平均水平（46.00%）相比，青岛市学生在网络学习过程中受到网络延迟的影响（62.17%）较小，这表明青岛的网络基础设施较好。此外，77.88%的青岛学生认为自己可以轻松地在网上获取有用的学习资源，高于全国平均水平（60.30%）。

2.3.4.1　教师应用效果

对青岛市基础教育阶段教师互联网教学应用效果的调查中，80%以上的教师表示对互联网教学的结果满意。对青岛市基础教育阶段教师互联网应用效果的调查中（如图2-33所示），教师认为互联网教学对学生能力的促进方面，按照重要性排序，依次是知识与经验积累、自主学习能力、问题解决能力、合作学习能力、学习兴趣、学业表现、创新型思维等。对学习动机和其他方面的促进效果较为一般。

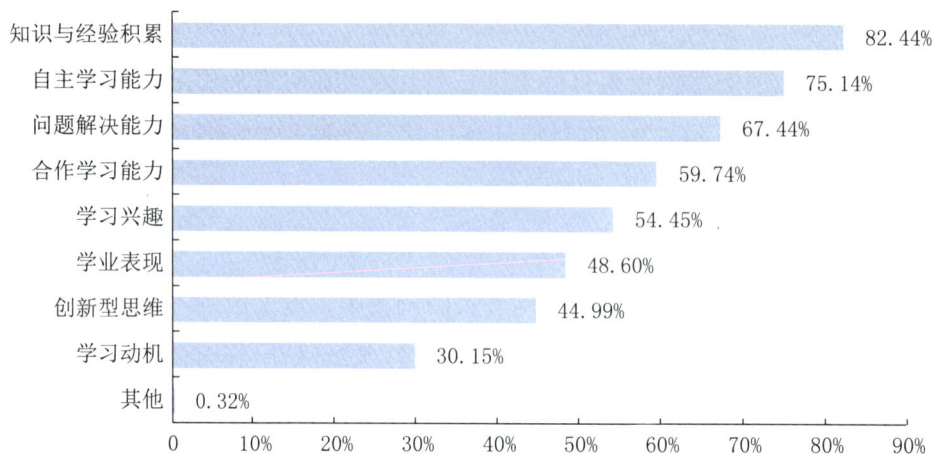

图 2-33　2023 年青岛市基础教育阶段教师互联网教学促进学生能力情况

2.3.4.2　学生应用效果

在对青岛市基础教育阶段学生互联网学习应用效果的调查中，43.24% 的学生认为互联网学习效果不输于线下学习。调查也表明存在部分比例的学生认为互联网学习效果不如线下学习，作为教育对象，学生对学习效果的认知更直观与深刻，这也反映了互联网教学依然存在完善、改进以提高学生学习效果的空间。

2.3.5　管理者应用现状

42.37% 的青岛市学校管理者认为他们的学校拥有稳定运行的线上教学平台，35.51% 认为情况"比较符合"，高于全国平均值（32.60%）。青岛市的学校在使用各级教育平台资源方面的比例较高。例如，有较高比例的学校（42.37%）拥有稳定运行的线上教学平台。青岛市54.55% 的学校管理者认为互联网教学和学习是必要的，62.24% 的学校建立了技术团队支持互联网教学，87.41% 的学校为教师配备了互联网教学设备，53.15% 的学校为学生配备了平板电脑，这些都高于全国平均水平。

2.3.5.1　态度与意愿

在对青岛市基础教育阶段学校管理者互联网管理态度与意愿的调查中，80% 以上的管理者认为教育信息化的推进对学校发展具有重要作用，完全认同并愿意积极推动互联网教学发展的比例也超过了 70%，这些维度指数均在 4.50 以上，显示出较高水平。

2.3.5.2　管理应用

在对青岛市基础教育阶段学校管理者互联网学习管理应用的调查中，62.24% 的管理者表示他们所在学校完全能利用数据支持学校的管理和决策，75.52% 的管理者表示他们经常利用互联网学习信息化管理知识，管理者在互联网管理应用指数均在 4.30 以上，处于较高水平。

如图 2-34 所示，对青岛市基础教育阶段学校管理者常用互联网学习管理工具类别的调查中，93.01% 的管理者主要使用教师管理类软件，65.73% 的管理者主要使用教学资源管理类工具，62.24% 的管理者主要使用学校办公类软件，其他类别如学生管理类、后勤服务类、教学评价类平台工具均有约半数管理者在实际应用。

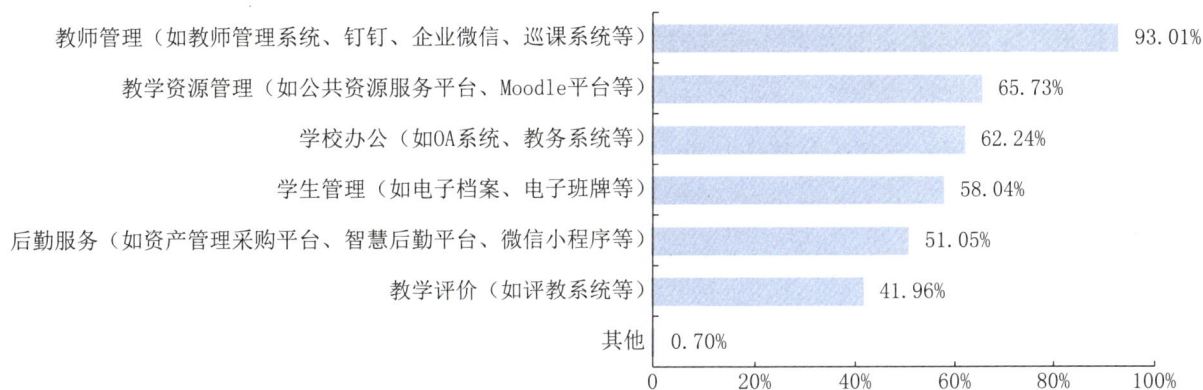

教师管理（如教师管理系统、钉钉、企业微信、巡课系统等）　93.01%
教学资源管理（如公共资源服务平台、Moodle平台等）　65.73%
学校办公（如OA系统、教务系统等）　62.24%
学生管理（如电子档案、电子班牌等）　58.04%
后勤服务（如资产管理采购平台、智慧后勤平台、微信小程序等）　51.05%
教学评价（如评教系统等）　41.96%
其他　0.70%

图 2-34　2023 年青岛市基础教育阶段学校管理者常用互联网管理工具类别

2.3.5.3　教学应用

在对青岛市基础教育阶段学校管理者常用互联网学习管理应用的调查中，90% 以上的管理者表示学校教师经常利用互联网展开教学活动，管理者所在学校的教师在互联网教学应用指数均在 4.00 以上，处于较高水平。调查表明，在青岛市基础教育阶段学校管理者视角下，学校教师对互联网应用于教学活动的程度较高，这有利于互联网管理和互联网教学的进一步发展。

2.4　师生互联网能力水平（C）

2.4.1　教师能力水平

青岛市有 46.99% 的教师表示经常使用互联网进行教学，这显著高于全国平均水平（30.50%）。青岛市有 5.37% 的教师每天投入 5 小时及以上的时间于互联网教学准备工作，相比全国平均水平（3.70%）更高。青岛市 38.81% 的教师经常使用线上线下混合式教学形式，这显著高于全国平均水平（22.90%）。同时，49.48% 的青岛市教师经常利用互联网资源，超过全国平均值 33.10%。青岛市教师在资源整合方面指数最高，为 4.32，有 44.83% 的受访教师表示能够根据教学目标与方法搜索与选择合适的互联网教学资源。

2.4.1.1　教师互联网教学能力发展概况

图 2-35 所示为青岛市基础教育阶段教师互联网教学能力发展情况。青岛市基础教育阶段教师互联网教学能力的各维度指数均在 4.00 以上，均达到较高水平。其中，教师资源整合的水平最高，其发展指数为 4.32。其次为专业发展、技术操作、教学促进的能力和学习评价，发展指数分别为 4.30、4.26 和 4.24。教师进行学习评价以及教师赋能学习者等方面的能力发展水平相对较低，发展指数分别为 4.21 和 4.22。根据教师互联网教学能力指数，教师在进行互联网学习时能够通过评估与反思，改进自身的互联网教学实践，并利用互联网相关资源与课程持续促进自身专业发展，有利于与其他教育工作者的交流合作和经验分享。教师由于其自身掌握相应的学科教学经验，有一定知识基础，因此在互联网资源进行整合以及解决教学中的技术问题方面发展较少。但在当前时代环境下，信息技术不断更新迭代，新的技术与工具不断运用于教育教学中，这给教师们了解和使用互联网教学工具带来了困难。近些年来，青岛市积极动员并组织开展教师信息化技能培训，解决教师信息化教学工具操作难的问题，全面提高教师互联网教学能力。

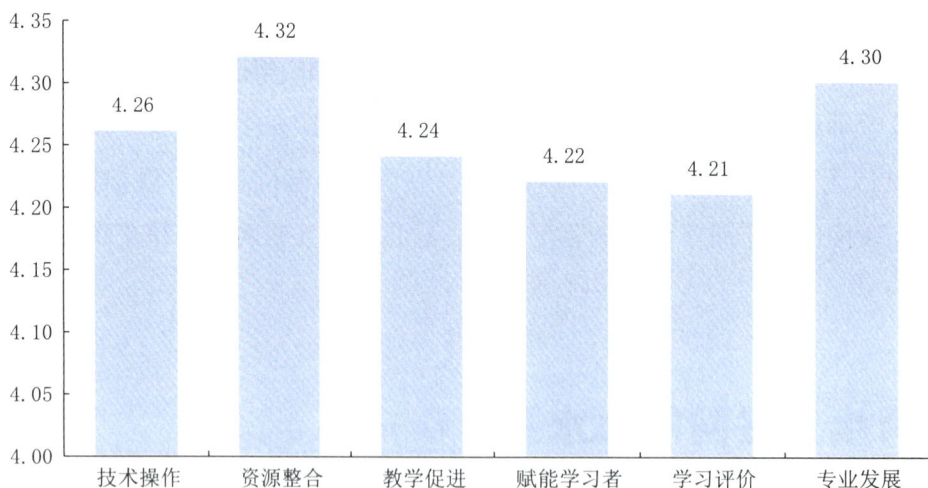

图 2-35　2023 年青岛市基础教育阶段教师互联网教学能力发展指数情况

2.4.1.2　技术操作

教师的技术操作能力调查结果显示，超过 90% 的教师能够熟练掌握教学所需的多种技术工具从而支持开展在线教学。教师的技术操作能力是推动教师的信息素养能力全面提升的关键因素之一。

2.4.1.3　资源整合

图 2-36、图 2-37 展示了教师资源整合能力方面的调查情况。有 86.85% 的受访教师认为自己"完全符合"和"比较符合"能够根据教学目标与方法合理改编或制作互联网教学资源以

及搜索与选择合适的互联网教学资源的要求，受访教师在这些方面的能力发展水平均达到较高水平，指数分别为 4.20 和 4.32。由于资源检索和引用、资源改编与制作对教师的整合能力要求逐步提高，因此青岛市基础教育阶段教师在以上两方面的能力指数依次递减，符合逻辑。受访教师的资源整合综合能力指数在 4.00 分以上，这表明青岛市基础教育教师资源整合能力总体较好。

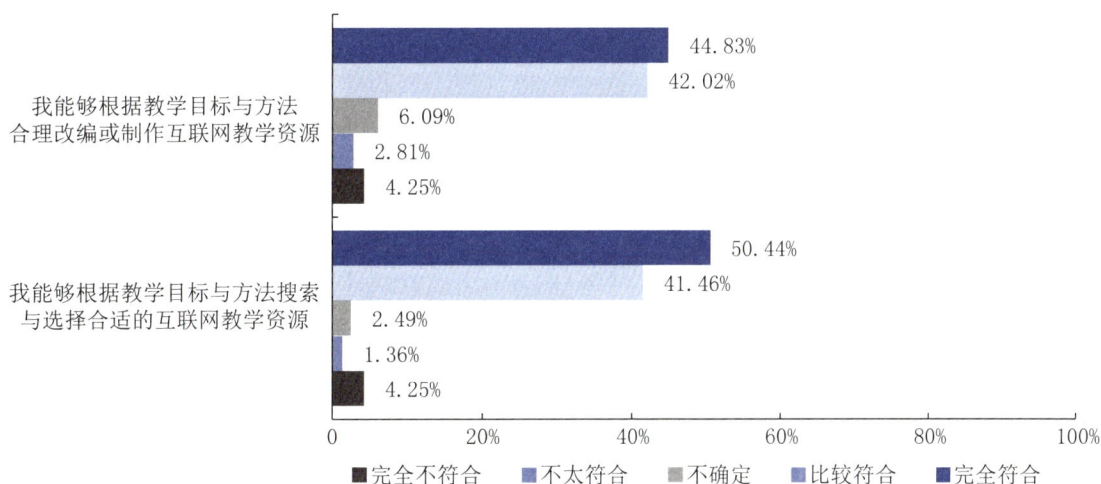

图 2-36　2023 年青岛市基础教育阶段教师互联网教学资源整合能力占比情况

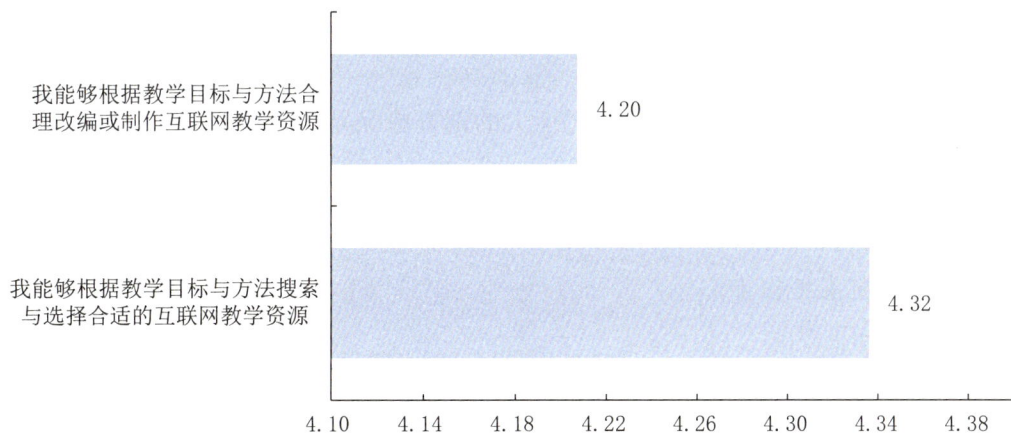

图 2-37　2023 年青岛市基础教育阶段教师互联网教学资源整合能力指数情况

2.4.1.4　教学促进

　　根据 2023 年青岛市基础教育阶段教师教学促进能力方面的调查情况统计，各题项的能力发展水平均达到较高水平，"完全符合"和"比较符合"的合计占比均在 90% 左右，指数达到 4.20 以上。其中，题项"我能够利用互联网加强自身与学生之间的互动与交流，以及时为其提供有针对性的指导"发展指数达到 4.26，两项指数差距较小，表明青岛市基础教育阶段教师兼顾了多方面互联网对于教学的促进作用，在利用互联网促进教学能力上有着较好的全局意识。

2.4.1.5 赋能学习者

图 2-38 所示为教师互联网教学赋能学习者能力的情况，教师认为自己"完全符合"和"比较符合"能够利用互联网实现个别化和差异化的教学或指导的要求的合计占比为 88.05%，说明教师在利用互联网资源进行个性化教学方面具有较高的能力水平，能够积极满足学习者的个性化学习需求。

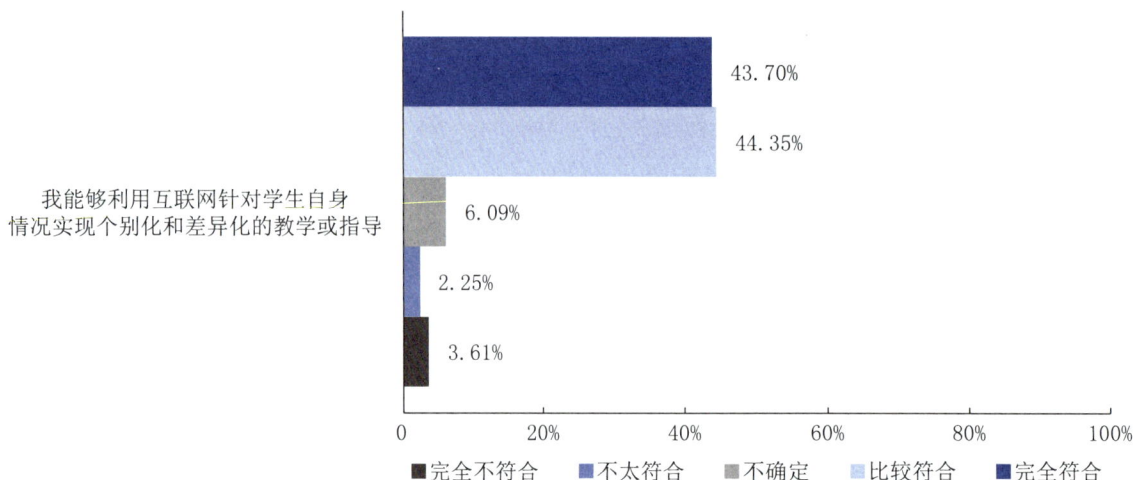

图 2-38 2023 年青岛市基础教育阶段教师互联网教学赋能学习者能力占比情况

2.4.1.6 学习评价

教师利用互联网来支持学习评价策略的能力的调查情况显示，在能够利用互联网对学生进行过程性评价和总结性评价，以及通过收集与分析学生的互联网学习数据来合理调整教学策略等方面，受访教师均具有较高的能力水平，"完全符合"和"比较符合"的合计占比均为 90% 左右，发展指数都在 4.20 以上。

2.4.1.7 教师专业发展

教师通过互联网学习进行专业发展的调查情况显示，超九成的教师认为他们能利用互联网相关资源与课程持续促进自身专业发展，受访教师在该方面的能力发展水平较高，发展指数为 4.30。91.58% 的教师反馈能够利用互联网加强与其他教育工作者的交流合作、经验分享，该方面的能力发展指数为 4.29。根据调查，青岛市基础教育阶段教师对利用互联网促进自身专业有一定心得经验，在交流合作、资源利用等方面均有较好的认知。

2.4.1.8 青岛市基础教育阶段教师互联网教学能力的差异性分析

（1）不同教龄教师互联网教学能力对比分析

不同教龄教师互联网教学能力的对比如图 2-39 所示。差异性结果分析表明，不同教龄教师在技术操作、资源整合、教学促进、学习评价、赋能学习者以及专业发展等互联网教学能力方面均不存在显著性差异（F = 1.082，p > 0.05；F = 1.213，p > 0.05；F = 0.890，p > 0.05；F = 0.718，p > 0.05；F = 1.183，p > 0.05；F = 0.83，p > 0.05）。其中，教龄在 16—20 年之间的教师得分最高，教龄在 25 年以上的教师得分最低。教龄短的教师一般年纪较轻，对新的信息技术与工具的学习意愿更强烈、接受度更高，并且接受信息化培训与教育的机会更多，在互联网教学的技术知识积累比教龄较长的成熟型教师更为丰富。对于教龄在 20 年以上的教师，其进行互联网教学的主要挑战在于技术知识不足，表现为不能很好地解决互联网教学中遇到的技术问题、不能及时掌握教学所需的多种最新的教学和技术工具。教龄较长的成熟型教师相较于新入职教师，在互联网教学能力上存在一定的劣势，教学惯性会对成熟型教师在教学资源利用整合、教学策略调整、赋能学习者以及学习评价策略等互联网教学的全过程产生影响；但与此同时，成熟型教师在长期的教学活动中也积累了更为丰富的教学经验。在推动教师互联网教学能力全面提升的过程中，教龄长的教师是在互联网信息技术与教学不断融合发展的过程中需要重点关注的对象。同时也要充分发挥教龄较长的教师与新入职教师各自的特长与优势，进一步促进互联网教学的深度融合与应用，以达到更有效、更生动的互联网教学效果。

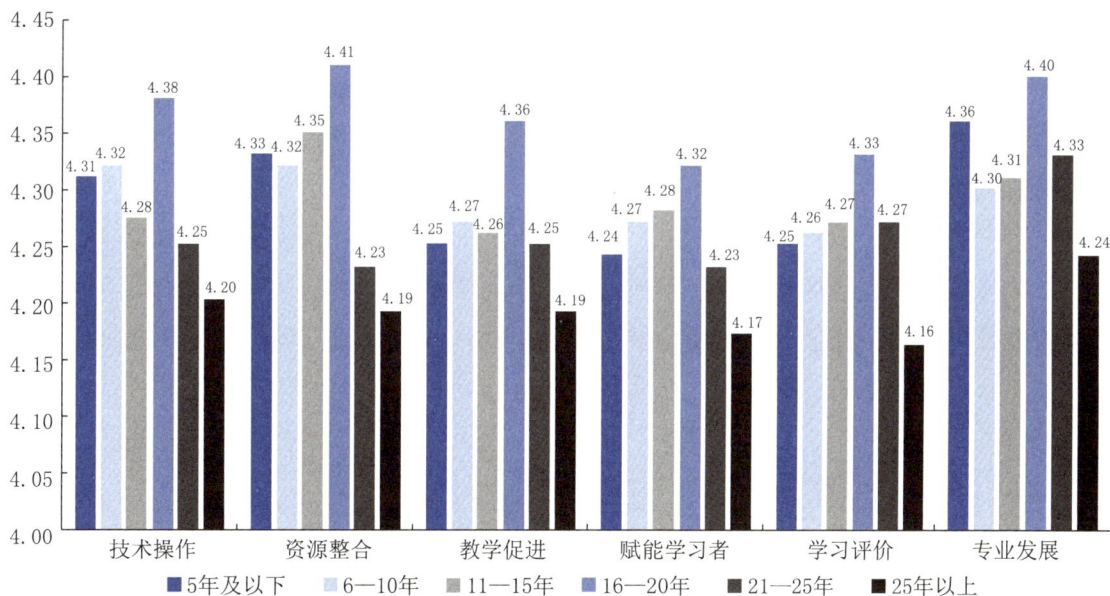

图 2-39　2023 年青岛市基础教育阶段不同教龄教师互联网教学能力发展指数情况

（2）各学段教师互联网教学能力对比分析

青岛市各学段的教师互联网教学能力的对比如图 2-40 所示。差异性分析结果表明，不同学段的教师在技术操作、资源整合、教学促进、学习评价、赋能学习者以及专业发展等方面均不存在显著性差异（F = 0.546，p > 0.05；F = 0.277，p > 0.05；F = 0.22，p > 0.05；F = 0.358， p＞0.05；F＝0.306，p＞0.05；F＝0.214，p＞0.05）。数据表明，小学教师在互联网教学能力技术操作、资源整合、赋能学习者和学习评价四个维度上表现较好，得分显著高于初高中教师。高中教师的专业发展能力较小学和初中老师表现较好，但学习评价维度的得分显著低于小学教师。相比较而言，小学教师面对的学生年纪较小，教学任务和教学资源制作相对简单，因此更能够胜任互联网教学。初高中教师的教学内容相对更复杂，对实现互联网技术与教学的融合能力要求更高。

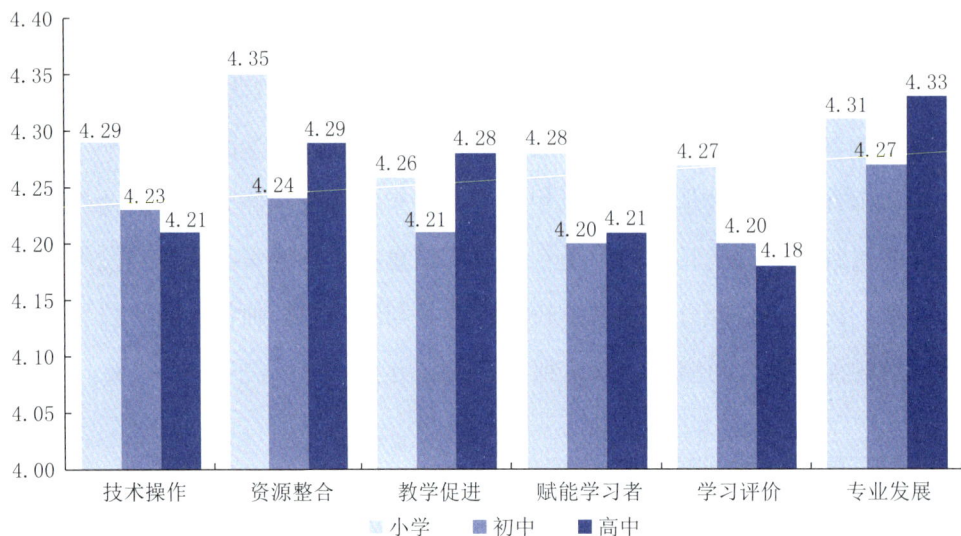

图 2-40　2023 年青岛市各学段教师互联网教学能力发展指数情况

　　基于以上数据分析，青岛市教师互联网教学应用能力水平良好，但仍存在上升空间，青岛市为全面提升教师互联网教学能力，针对教师及学校管理者开展数字型人才转型培训，青岛市西海岸新区开展教师信息素养测评考试，切实提高一线教师对互联网技术的敏感度及应用能力。

2.4.2　学习者能力水平

2.4.2.1　学习者能力水平发展概况

　　青岛市有 48.11% 的学生经常利用互联网学习，显著高于全国平均水平（25.40%）。36.25%的学生每天使用互联网学习时间在 0.5 小时以内，还有 34.93% 的学生在 0.5—1 小时之间；全国有 10.10% 的学生每天利用互联网学习超过 2 小时，而在青岛市这一比例仅为 4.94%，这表明青岛市学生在互联网学习上更注重科学地开展互联网学习。43.24% 的青岛市学生认为互联网学习效果不逊于线下学习，高于全国平均 31.10%。67.13% 的青岛市学生认为自己能避免互联网的所有安全风险，而全国平均为 37.20%。41.40% 的青岛市学生能够利用互联网资源和工具创作多种形式的作品，高于全国平均水平（20.60%）。45.66%的青岛市学生能够利用互联网及时总结相关知识，高于全国平均水平（21.50%）。

结合青岛市基础教育阶段学习者能力水平的发展实际，以下从设备与软件操作、信息与数据素养、交流合作、内容创造、策略性学习、互联网安全六个方面对学习者有效利用互联网开展学习所需的能力情况进行分析。

设备与软件操作指的是合理选择与熟练使用互联网学习相关的软硬件设备，并能解决使用过程中出现的技术问题；信息与数据素养是指准确识别互联网学习的信息与数据需求，并利用互联网搜索、评估与管理相关的信息与数据；交流合作是指学习者积极利用互联网工具交流、分享与开展团队合作，并遵循互联网空间的相关礼仪；内容创造包括利用互联网资源或工具进行多种媒体形式的内容创造，并遵守版权与许可协议；策略性学习是指在认知与元认知层面采取合适的学习策略提升互联网学习的效率与效果；互联网安全指的是学习者在利用互联网的同时保护自身与他人隐私并回避潜在的安全风险。

如图 2-41 所示，根据 2023 年青岛市基础教育阶段学生互联网学习能力情况统计，互联网安全的指数最高，为 4.32；其次是信息与数据素养指数，为 4.25；内容创造指数最低，为 3.60。青岛市基础教育阶段学生互联网学习能力在各维度上均达到了较高水平，青岛市基础教育现代化建设成效显著。

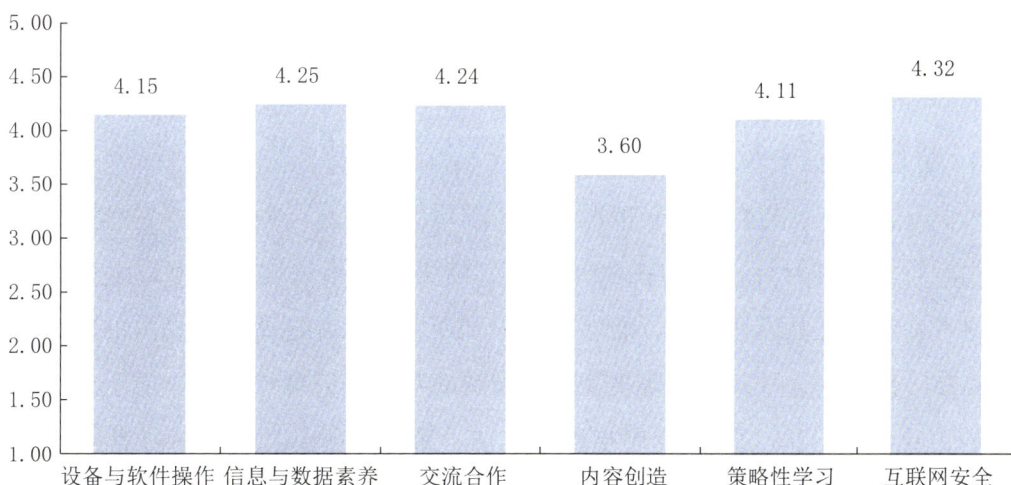

图 2-41　2023 年青岛市基础教育阶段学生互联网学习能力发展指数情况

2.4.2.2　设备与软件操作

学习者互联网学习设备与软件操作能力情况如图 2-42 和图 2-43 所示。认为自己"完全符合"和"比较符合"能够熟练操作所需的软件和设备这一要求的学习者合计占比超八成，发展指数为 4.15。

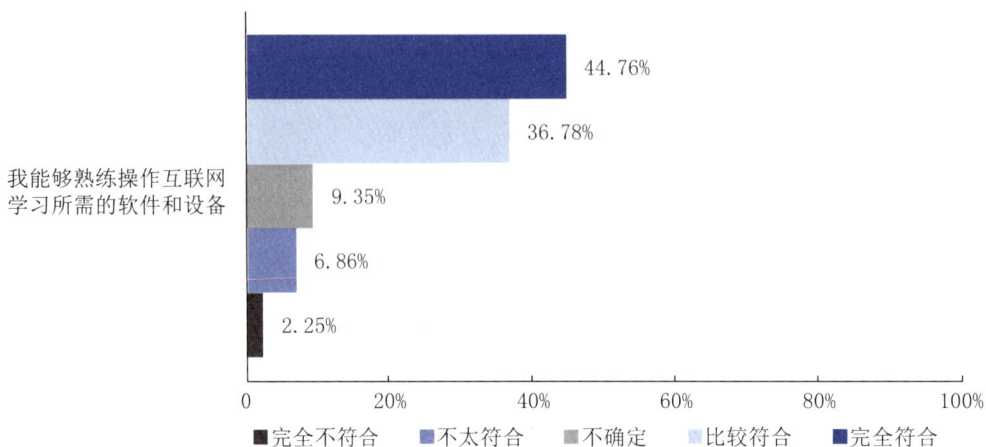

图 2-42　2023 年青岛市基础教育阶段学生互联网学习设备与软件操作能力占比情况

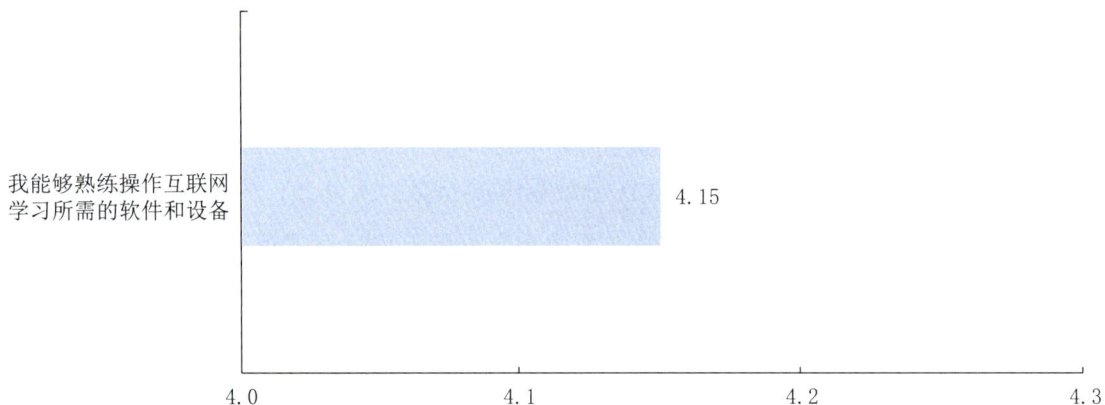

图 2-43　2023 年青岛市基础教育阶段学生互联网学习设备与软件操作能力指数情况

2.4.2.3　信息与数据素养

互联网学习者的信息与数据素养情况显示，学习者在信息与数据素养各维度的"完全符合"和"比较符合"的合计占比均在 80% 以上，能力发展指数均在 4.10 以上。首先，超过82% 的学习者在利用互联网搜索时，能够准确识别所需信息并过滤掉不相关的内容，能力发展指数为 4.25。其次，学习者能够高效管理搜集到的互联网信息与数据以便于后续查找与使用，认可的占比为 80.33%，能力发展指数为 4.18。最后，85% 以上的学习者能够批判性地思考从互联网获取的信息与数据，不盲从他人观点，能力发展指数为 4.33。这说明大部分的学习者能够准确识别信息需求、获取准确信息，坚持批判性思考与个人判断，并评估信息可靠性。

2.4.2.4　交流合作

根据调查结果，九成以上的学习者在线交流时，能够尊重与理解他人的观点，对应的发展指数为 4.03。超过七成的学习者经常向他人分享高质量的学习资源，相应的能力发展指数为

4.18，表明学习者在交流合作的过程中在理解、参与和表达的阶段有较高的积极性，也有较高的高质量资源分享互通的意识。

2.4.2.5 内容创造

图 2-44 和图 2-45 展示了学生的内容创造能力。认为自己"完全符合"和"比较符合"可以利用互联网资源和工具创作图片、文字、音视频等多种媒体格式的作品这一要求的学生合计占比为 71.69%，对应的能力发展水平指数为 3.93。超六成的学生常常利用互联网平台发布自己的作品，对应的能力发展水平指数为 3.26。调查表明青岛市基础教育阶段学生对于选择合适平台发布作品以及利用互联网资源工具的指数略低，教师需要加强对学生该方面的引导。

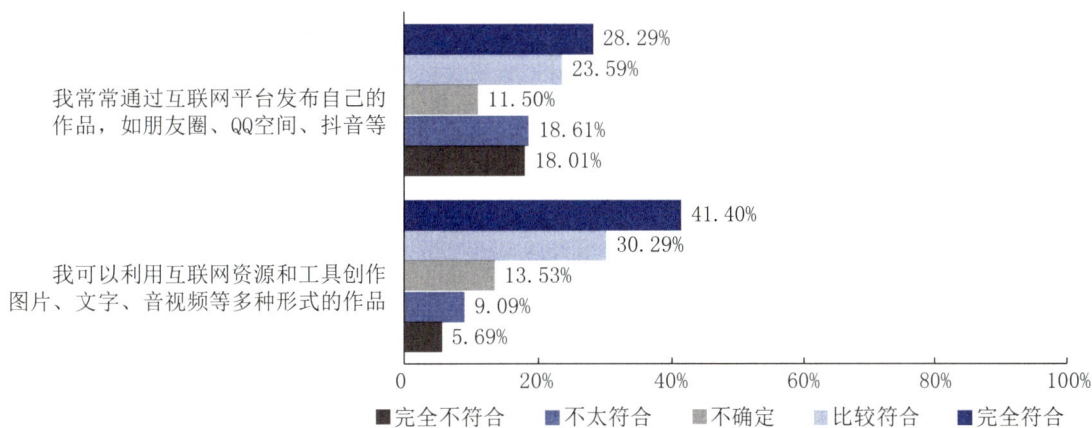

图 2-44　2023 年青岛市基础教育阶段学生互联网学习内容创造占比情况

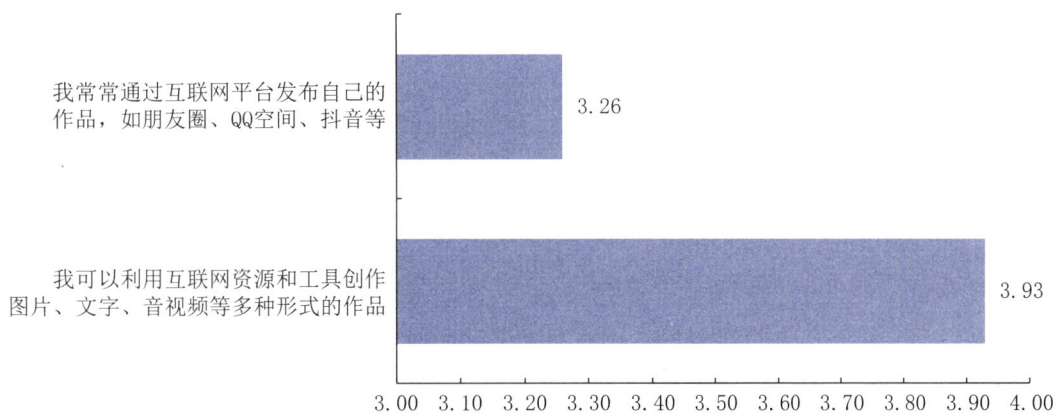

图 2-45　2023 年青岛市基础教育阶段学生互联网学习内容创作指数情况

2.4.2.6 策略性学习

图 2-46、图 2-47 展示了学生在互联网学习过程中策略性学习的能力。认为自己"完全符合"和"比较符合"能制订好学习目标与学习计划来支持互联网学习的开展这一要求的学生合

计占比超过 75%，此方面的发展指数为 4.05。81.24% 的学生在利用互联网进行学习时，及时总结以巩固所学知识的能力发展水平较高，对应的发展指数为 4.17。说明绝大多数的学生在互联网学习中能够制订好学习计划并及时总结，以巩固所学知识。

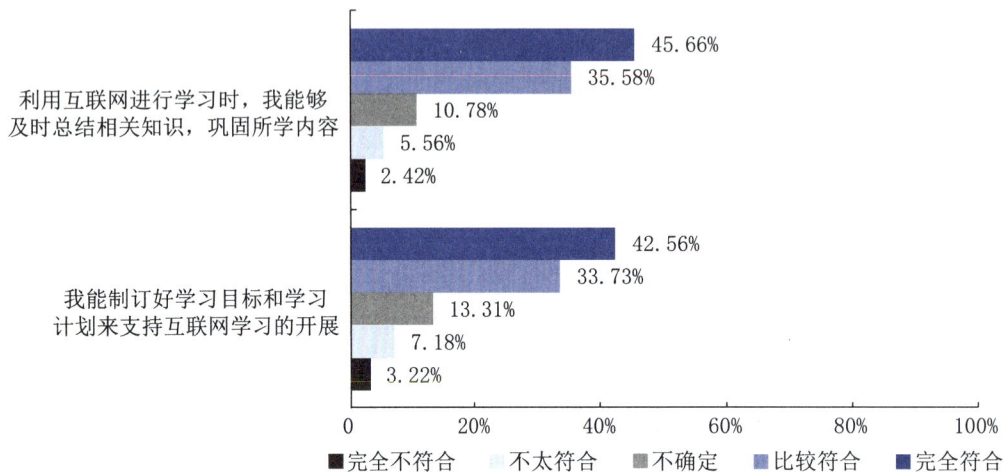

图 2-46 2023 年青岛市基础教育阶段学生互联网学习策略性学习占比情况

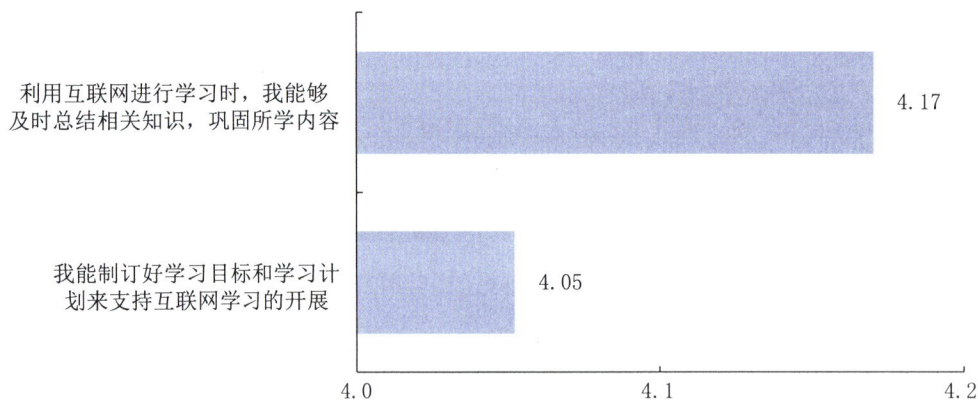

图 2-47 2023 年青岛市基础教育阶段学生互联网学习策略性学习指数情况

2.4.2.7 互联网安全

学生在互联网安全方面的能力调查情况如图 2-48 和图 2-49 所示。认为自己"完全符合"和"比较符合"能够在互联网学习空间保护好自己与他人的隐私这一要求的学生合计占比为 91.17%；认为自己"完全符合"和"比较符合"能够有意识地避免互联网安全风险这一要求的学生合计占比为 89.44%，如不轻易点击不明来源的链接与弹窗等，在这些方面的能力发展达到较高水平，发展指数分数为 4.52 和 4.12。调查表明青岛市基础教育阶段学生普遍具有较高的互联网安全意识，在规避风险与隐私保护上尤为突出，可见青岛市互联网安全教育有不错的成效。

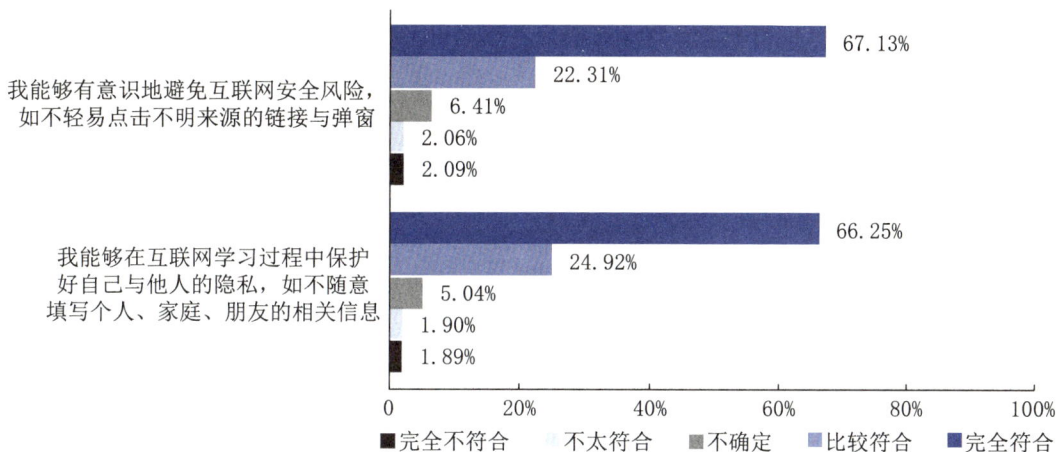

图 2-48　2023 年青岛市基础教育阶段学生互联网学习互联网安全能力占比情况

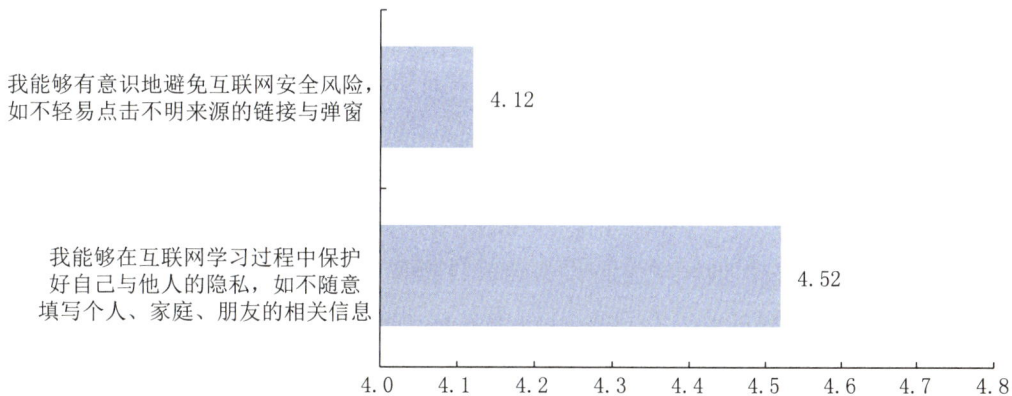

图 2-49　2023 年青岛市基础教育阶段学生互联网学习互联网安全能力指数情况

2.4.2.8　青岛市学生互联网学习能力的差异性分析

（1）各学段互联网学习能力对比分析

图 2-50 为各学段互联网学习能力发展情况。小学（包括小学低段和小学高段）、初中、高中各学段在软件与操作、信息与数据素养、交流与合作、内容创造、策略性学习以及互联网安全六个互联网学习能力与意识的维度均达到较高水平，但各学段的发展存在显著性差异（$F = 4.786$，$p < 0.05$；$F = 16.659$，$p < 0.05$；$F = 6.875$，$p < 0.05$；$F = 21.130$，$p < 0.05$；$F = 10.112$，$p < 0.05$；$F = 7.405$，$p < 0.05$）。其中，高中生在软件与操作、信息与数据素养、交流与合作、内容创造、策略性学习和互联网安全等方面的能力与意识发展指数均高于小学高段学生和初中生。小学低段学生的互联网学习能力各项指数均高于小学高段学生、初中生和高中生，出现该现象的原因可能是小学低段学生的文字理解能力略低于其他学段学生，因此对问卷的作答可能出现偏差。但也在一定程度上反映了现阶段小学低学段学生互联网学习能力不断提高的良好态势。

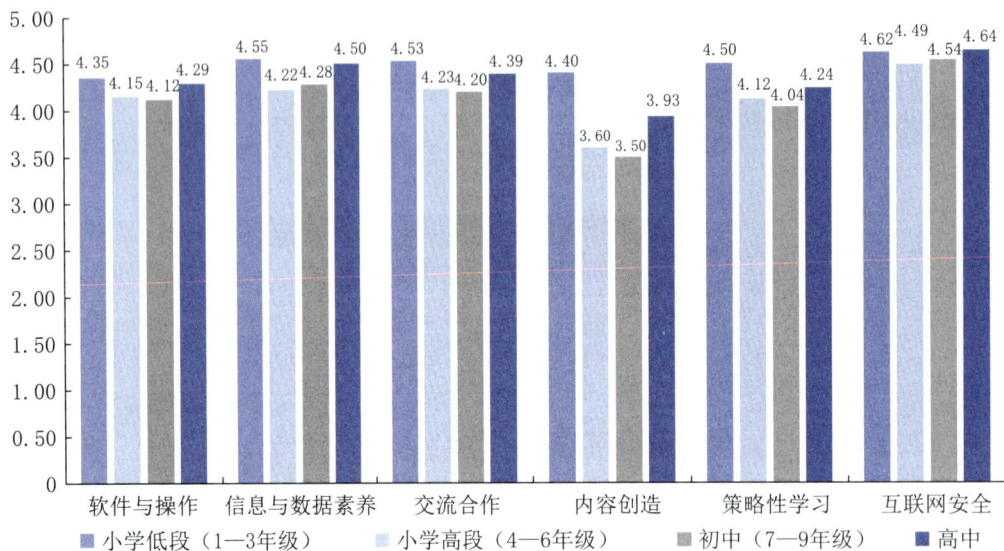

图 2-50　2023 年青岛市城乡地区各学段互联网学习能力发展指数

（2）城乡学生互联网学习能力对比分析

城乡地区学生互联网学习能力发展情况如图 2-51 所示，县镇、市区地区的学生在互联网学习能力中的信息与数据素养、交流与合作、策略性学习、互联网安全四个维度指数均为 4.00 以上，达到了较高水平。农村地区学生在设备与软件操作、信息与数据素养、交流与合作、策略性学习、内容创造、互联网安全的能力与意识发展指数均略低于市区和县镇地区学生，且具有统计上的显著性（$F = 44.719$，$p < 0.05$；$F = 31.793$，$p < 0.05$；$F = 28.029$，$p < 0.05$；$F = 31.022$，$p < 0.05$；$F = 23.172$，$p < 0.05$；$F = 32.970$，$p < 0.05$）。借助互联网等现代信息技

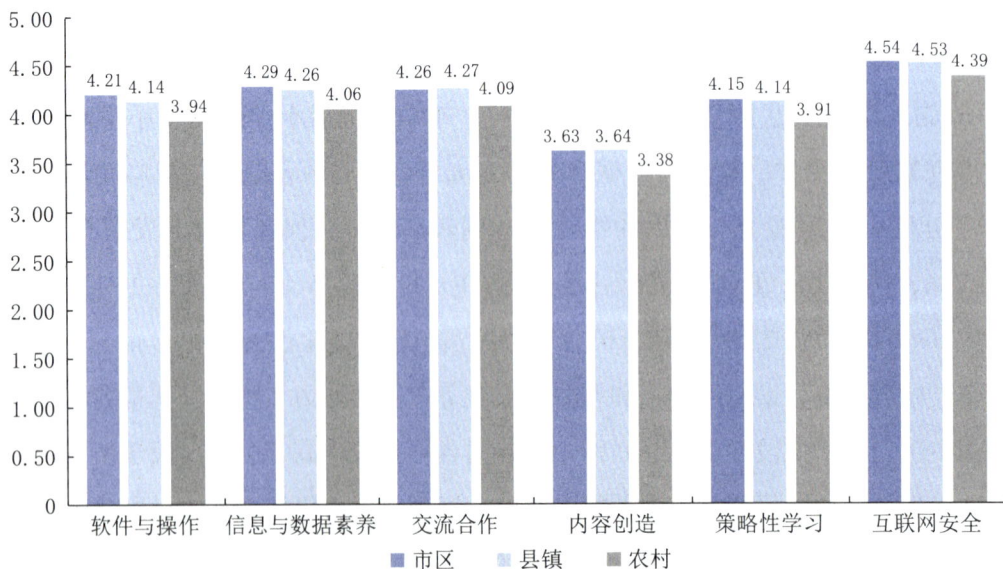

图 2-51　2023 年青岛市城乡地区基础教育阶段学生互联网学习能力发展指数

术，教学资源的分布突破时空限制，增加了传统意义上教育资源薄弱的农村地区获得教育资源的机会。农村地区学生积极应用互联网工具和资源进行学习，提升自身互联网学习能力，增强学习效果。互联网技术在赋能教育的同时，也为实现教学资源均衡发展、促进教育公平以及优化教育结构提供了重要手段和途径。

基于以上数据，青岛市学生信息素养整体水平较高，当前青岛市仍着重加强师生信息素养培养，提升中小学师生信息化应用能力，加强中小学人工智能教育课程体系建设，人工智能教育模式持续领跑，全市持续开展师生信息素养提升工程，效果良好。

2.4.3　青岛市着力提升师生数字素养

目前，为提升学生的互联网学习能力及信息素养，青岛市建立"以校为本、基于课堂、应用驱动、注重创新"的师生信息素养发展机制，全方位推进中小学师生信息素养的提升，推进信息技术支持的项目式、探究式和体验式等学习方式，引导学生从学习用技术到用技术学习，培养未来数字公民。组织实施创客竞赛、人工智能竞赛、信息奥赛和科技节等50余项"三赛一节"活动，提高中小学生实践创新能力，定期组织开展人工智能、大数据等新技术赋能教育教学研究，评选区（市）、学校300个优秀案例，促进全市中小学教师信息化专业能力成长。建立师生信息素养评估模型和评价指标体系，坚持每年组织全市中小学师生开展信息素养评价。青岛市学生信息技术素养测评的现状呈现出积极的发展态势。一方面，青岛市教育部门正在不断优化和健全中小学信息素养提升质量评估模式，对全市师生信息素养进行科学、系统、持续的测评。另一方面，一些企业也积极参与到这一工作中，通过承接"青岛市中小学信息素养评测系统建设项目"，进一步推动师生信息素养测评领域的深入发展。

2.4.3.1　中小学师生信息技术素养评测系统

在实践层面，青岛市已经启动了"中小学师生信息技术素养评测系统"的定制化应用，旨在实现从提升信息技术应用能力向提升信息素养的转变。这一转变引导全市范围内的教师和学生参加全国、全省中小学师生创客、创新类比赛，并已经在提升教育信息化理念和素养上取得了显著成效。此外，根据教育部教育技术与资源发展中心的要求，青岛市还通过单位选拔推荐、评委评选等方式每年举办一次师生信息素养提升实践活动，公示评比结果，进一步提升了信息技术素养测评的影响力和公信力。由此可见，青岛市格外重视学生信息技术素养培养，并积极为社会培养数字化公民及人才。

2.4.3.2　组织数字化人才转型培训

为贯彻落实世界数字教育大会精神，全力推进教育数字化转型，青岛市以习近平新时代中国特色社会主义思想为指导，全面贯彻落实党的二十大精神及习近平总书记关于教育的重要论述，遵循教育规律和教师成长发展规律，探索教育数字化转型下教师专业发展的路径，培养一批适应智慧教育的首席信息官、数字化领航校长（园长）、数字化精英教师，为青岛市教育高质量发展提供智力支撑和人才保障，开展数字化人才转型培养。青岛市依托国内一流的专家团队，聚焦基础教育优质资源倍增、初中学校强效提质、新校高位发展、职业学校创新发展、优质幼儿园建设等重点任务，定制适切的人才培养课程体系，建立全流程管理系统，通过理论研修、实践体悟、成果展示、示范辐射等方式，开展理论与实践、课内与课外、区内与区外相结合的研修培训。

青岛市为顺利开展数字化人才转型培训，积极构建"基于课堂、应用驱动、创新发展、精准测评"的校长（园长）、教师数字化素养发展新机制，构建全市教育数字化人才培养体系。青岛市数字化人才转型培养三类目标人才，分别是"首席信息官""校长（园长）""一线教师"，其中对首席信息官实施专项能力培育，注重其教育数字化专业能力，区域（学校）数字化赋能"教、学、研、管、评"能力，以及注重区域（学校）教育数字化服务新形态的形成。针对领航校长（园长），注重培养其领导能力，注重学校数字资源、智慧校园、创新应用等新型基础设施体系的建设与应用，注重学生数字化学习环境的优化、智能化测评的实现，注重教师智能化、个性化、多样化环境的构建，数字化专业的发展。数字型人才转型培训，着重实施对精英教师应用能力的培育，培养其注重人机协同育人能力，数据驱动的决策能力，学会运用大数据、人工智能等技术赋能教学、学习的方式。培养、提升其注重基于数字技术的教育教学的微能力，学会利用数字化工具赋能学情分析、教学设计、学法指导和学业评价等教学环节。

教师互联网教学相关培训情况如图 2-52 和图 2-53 所示。48.85% 的教师每年参加了 3 次及以上的互联网教学（如混合式教学、在线教学、微课制作等）相关培训，91.15% 的教师每年

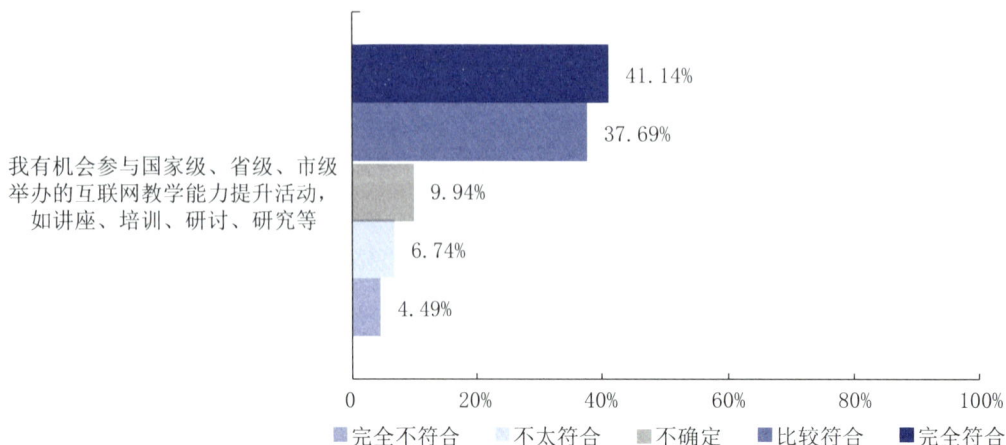

图 2-52　2023 年青岛市基础教育阶段教师互联网学习活动参与支持服务占比情况

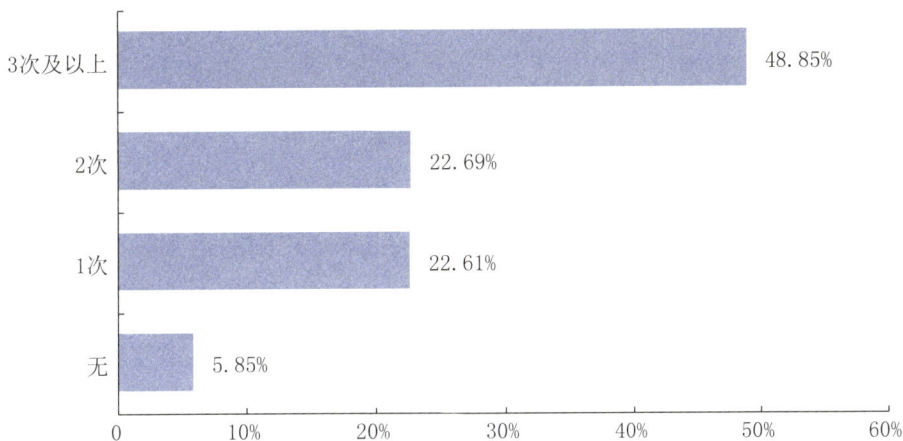

图 2-53　2023 年青岛市基础教育阶段教师互联网教学培训情况

参加了 1 次及以上的培训，同时仍有 5.85% 的教师因没有机会或者时间等原因无法参与相关的培训。

　　基于以上数字型人才转型培训规划内容，青岛市计划用三年时间，为基础教育优质资源倍增、初中强校提质、新校高位发展、职业教育创新发展、优质幼儿园建设和强镇筑基等遴选培养 100 名市级首席信息官、500 名市级数字化领航校长（园长）、1 000 名数字化精英教师，推动校长（园长）、教师教育数字化转型，实现"三提升一全面"的发展目标：首席信息官（CIO）统筹协同能力显著提升，校长（园长）数字化领导能力显著提升，教师数字化教学能力显著提升，促进数字技术与教育教学融合创新全面发展。

2.4.3.3　青岛市西海岸新区实施教学管理者信息素养培养计划

　　青岛市西海岸新区为提高全区教师互联网教学能力及管理水平，针对教师、教研员、校级管理者等不同角色，进行信息素养提升目标梳理，开展分层级、分角色的师训学习和培训讲座。培养智慧教育百名教育管理者、千名骨干教师、万名学科教师。建立教师信息素养提升线上平台，设置 134 门课程，教师在线学习超过 526 万次，打造线上教师研修共同体。根据不同时期的需求和情况开展分类资源建设，逐步建成满足教师教学需求的 58 个课程社区，2.9 万条同步课程资源，累计访问量超 165 万次；设计满足精准测评需求的区本题库一万余套，试题量近 19 万道，教师累计组卷 25 万余次。多种类教学资源既可以从多终端采集、生成，也能够直接在终端访问、应用，灵活嵌入教师备授课，有效支撑学校和教师开展信息化教学应用。

　　青岛市西海岸新区依托国家级课题研究，开展智慧教育专项课题研究，各校申报专项课题 30 多个，探索教师教学管理、学科教学创新模式，依托智慧教育环境，探索"123X 双减"作业管理模式。西海岸新区一线应用实践，打造校级特色模式，以信息手段的学科融合、创新应用为导向，激发学校研究力，打造智慧教育特色。为保障优秀智能教育师资，建立专任教师队伍。通过公开招聘、高层次人才引进、转岗培育等方式，建立专业化人工智能教师队伍，满足教育教学需求。加强培训，创建人工智能名师工作室，打造"三高"（专业素质高、授课水平高、教研能力高）名师，每年进行 2 期专业知识技能培训。加强融通，拓展应用场景。探索泛在、灵活、智能的教学新环境，开展人工智能教育创新研究和示范引领；强化人工智能与信息技术、创客、机器人、STEAM、程序设计的内在联系，打造与人工智能相融合的特色精品课程，举办人工智能优秀课例展示交流活动。将信息技术教学与人工智能教学融合，建立以 STEAM + AI 为基础的人工智能普及、拓展、培优项目中心组，研究项目，形成项目案例集。西海岸新区成立名师工作室，优秀人工智能教师进行全区引领示范作用，推动人工智能项目式教学。除此之外，西海岸新区将建设覆盖全区的 10 个人工智能名师工作室，通过一带十策略，带动全区 100 名教师整体提升。每年外派 20 名优秀骨干教师到高校、企业进行为期半月的实践挂职学习，实施学校商业产品模拟设计。

为切实提高新区教师信息技术素养及互联网应用能力，青岛市西海岸新区自 2020 年起，坚持开展干部、教师信息素养测评，将人工智能课程加入全区教师在线学习内容，累计测试干部、教师 16 850 人次，测试合格率达 96% 以上，构建起了基于课程与教学，集培训、学习、教研、测评于一体的教师信息素养提升新路径，通过连续的信息素养的测试，使西海岸新区教师的信息素养显著提升，人工智能技术手段大规模、常态化地在课堂上自然呈现、深度融合，不仅培养了教师较好的互联网技术应用能力，同时也潜移默化地提升了学生的人工智能素养。

2.5 互联网支持教与学（S）

2.5.1 互联网支持课堂教学应用

近年来，青岛市为促进信息技术与教育教学深度融合，提升师生的信息素养，改革原有教育模式，提升智能教育质量水平，全市大部分中小学都已根据现实条件及学校教学需求，在课堂教学中引入智能化教学设备，构建新型互联网教学模式。如表 2-3 所示，目前基于平板等终端的教学、基于点阵笔的精准教学以及基于精准作业的智能教学这三种互联网教学模式在全市应用较为广泛。

表 2-3　青岛市互联网课堂教学的几种形式

终端设备类型	模式简介	应用规模	应用效果
触控大屏一体机（交互式电子白板）	常规授课，利用已普及的触控一体机设备，借助网络和本地资源支撑课堂教学	规模大，普及面广，教师应用熟练	技术门槛较低，便于资源呈现和课堂互动，提高课堂效率
同步课堂或网络录播教室	支撑同步课堂、专递课堂	覆盖全市中小学	主要支撑课堂视频录制、点播和同步互动
平板电脑	该模式利用平板电脑等智能设备，通过与互联网的连接，构建更加灵活、多样化的教学方式。师生可以通过平板电脑进行学习和互动。平板电脑提供丰富的教学资源的同时，还可为学生提供个性化的教学指导。能够开展常规授课、课堂交互、收发作业和教学评价等教学活动	当前全市平板智慧教学模式已得到大面积的推广和应用。全市约300所学校已创建 Pad 实验班、Pad 课堂等智慧课堂环境	平板智慧教学模式辅助课堂学习资源收集、即时学习情况反馈、精准化教学指导，助力个性化学习
点阵笔	点阵笔是一种基于光学点阵技术的智能书写笔，在丰富课堂评价形式、激励学生的学习兴趣、更好地了解学生的课堂表现等方面具有显著作用，可实现对课堂学习和教学数据的实时采集和分析，进行个性化学习诊断，方便教师精准调整教学策略	2015 年，青岛市市南区教体局为全区近 2 500 名中小学教师配备"E笔微课"。近些年，青岛市李沧区部分学校及崂山区部分学校引入智慧纸笔技术，进行课堂教学	点阵笔教学模式赋能课堂伴随式数据采集，丰富师生互动；生成阶段式数据报告，推送靶向作业；海量教师备课资源；学情记录留痕，利于教师课后复盘总结
打印机＋扫描仪＋智能识别	该模式依托教学云平台开展，教学云平台配备打印机及扫描仪等信息化设备，教师可以利用云平台与该设备的对接，实现自动批阅、"靶向作业"布置及设计等教学工作，切实提高教学效率	青岛市崂山区39所公办中小学都配有专门的打印机、扫描仪，全区学科教师都能够独立使用教学平台进行课堂教学和作业设计	打印机和扫描仪，可辅助实现课堂数据统计实时显示，让师生及时了解到学生的学习状态和水平，为教学改进提供数据支持
其他终端（如可触控台式电脑、VR/AR 眼镜）	可触控台式电脑VR/AR 眼镜	较为特色化的应用，规模不是很大，但便于优质资源的同步及为学生提供更为丰富的学习场景	效果较好，但对资金和资源要求更高

2.5.1.1　基于平板电脑等终端的教学

这种教学模式利用平板电脑等智能设备，通过与互联网的连接，构建更加灵活、多样化的教学方式。在平板电脑智慧教学中，教师可以通过平板电脑进行备课和授课，学生也可以在课上使用平板电脑进行学习和互动。平板电脑可以提供丰富的教学资源，在教学过程中学生可以利用其加载各种教学资源，包括图片、音频、视频、动画等；平板电脑还可以更加生动形象地展示教学内容，提高学生的学习兴趣和效果。平板电脑也可以根据不同学生的学习情况和需求进行个性化的教学，更好地满足学生的需求，推进个性化学习。在课堂教学中，平板电脑可以实时记录学生的学习情况，方便教师及时掌握学生的学习进度和问题，从而更好地调整教学策略，提高课堂教学效率。目前，青岛市的大部分学校已经开始使用平板电脑进行智慧教学，并取得了一定的成效。例如，青岛市金门路小学打造了平板电脑实验班，以青年教师为主力，在常态教学中构建平板电脑智慧课堂，在课上，教师可以利用平板电脑实现搜集数据、即时反馈、精准指导，学生利用平板电脑学习、分享、交流、互评实现自主学习，真实体现了基于问题研究的智慧教学所带来的教与学的变革和效果。

青岛台东六路小学及平度市实验中学专门设置平板电脑班级，利用其功能进行精准教学。青岛市西海岸新区凭海临风小学精准打造融合精讲、精问、精练及智慧教育手段的"精智课堂"教学模式，其智慧课堂系统为教师提供了电子白板，基于手写识别、语音评测、智能搜索等功能，聚焦语言类学科教学过程中的认、知、读、写。胶南市博文中学为学生配备多媒体教学设备，教师学生人手一台平板，使用多媒体教学系统，实现教育教学的数字化及个性化。青岛市李沧区君峰路中学创立平板电脑教学周周清教学模式，创建专门的平板电脑教室供卓越班学生使用，依托技术平台"大分层，小分类"，进行错题靶向推送，以物理和数学学科的实验教学为典型代表。青岛市使用平板电脑课堂提升课堂效率的中小学仍有很多，由此可见，青岛市正在全面推进平板电脑教学和多媒体教室授课，深化纸笔课堂、小组合作教室授课和智慧作业项目，实现信息赋能、提质减负。用人工智能教育技术提升学生综合素养发展、完善师生评价体系，助力教师解决课堂实际问题。

2.5.1.2 基于点阵笔的精准教学

点阵笔课堂教学是利用点阵笔作为一种高科技产品的教学方式，逐渐被各大中小学引进使用。点阵笔是一种基于光学点阵技术的智能书写笔，其前端的高速摄像头能够随时捕捉学生的笔尖在印有点阵图案的纸张上的书写运动轨迹，实现书写信息的数字化还原。点阵笔在丰富课堂评价形式、激励学生的学习兴趣、更好地了解学生的课堂表现等方面具有显著作用，这种手写笔使教师和学生能够在不改变原有书写习惯的情况下，实现对课堂学习和教学数据的实时采集和分析，进行个性化学习诊断，方便教师精准调整教学策略。点阵笔可以同时用于多人课堂教学，即课堂环境下师生人手一支点阵笔就可以把课堂上每个学生的书写过程、结果进行实时呈现，有单人页面展示、双人或多人对比模式等不同呈现方式，让教师不必走下讲台，在任意显示终端前就可以实时了解学生的课堂情况，做到及时发现问题、针对讲解，进一步提高课堂效率。不仅如此，人性化的匿名投票功能可让教师及时地对学生的知识点掌握情况进行调查，及时查漏补缺；随堂测验功能与智能阅卷相结合，做到落笔出成绩，自动生成多维度成绩报告，减轻教师负担，让教师的教学工作游刃有余。

早在 2015 年，青岛市为推进教育信息化，青岛市市南区教体局为全区近 2 500 名中小学教师每人配备了微课制作工具——"E 笔微课"录课笔，利用其特有的点阵技术，在不改变传统纸笔书写习惯下，以高速摄像头捕捉记录文字书写轨迹，进而实现对学生精准化的学情收集，提高教师课堂教学效率。目前，青岛市各区大部分中小学都引入了点阵笔，并将其巧妙地与智能白板融合使用，青岛市西海岸开发区实验小学将点阵笔引入课堂教学，在有效地提高课堂效率的同时激活课堂教学，激发学生主动学习的兴趣，使课堂氛围由枯燥变为趣味，使教学过程由静态变为动态，使知识由抽象变为具体，使学习由繁琐变为简单，真正达到教学效果的最大化。

青岛市崂山区各校目前正在智慧纸笔试点学校进行教学，例如青岛市崂山区沙子口小学依托 AI（智慧纸笔）教学平台，基于云计算和物联网技术，以纸笔为核心，为老师提供丰富的教学工具，在不改变教师和学生传统的纸笔书写习惯和学习方式前提下，无感采集学生课中课后数据。该校的一体化设计，使备课、授课、测试、练习、教研，教与学全过程数据贯通融合，通过人工智能和大数据分析等科技手段，智能批阅，并为教师提供精准的学情分析报告，针对学生设计分层和个性化作业，提高教学效率；为学生分析薄弱知识点，自动整理错题本和智能推题，生成个性化的学习手册，提高学生的学习效率；让教学手段从传统的经验型教学向数据型转变，真正达到减负增效的效果。

通过智慧笔盒、学生智能笔采集纸质作业，引入并探索自动批改技术，切实减轻教师负担，实现作业数据可视化、规范化，推动教育现代化。通过智慧作业系统，为学校和教师提供分层教学、分层作业的数据支撑和工具，赋能更加丰富立体的教学应用场景。通过数字决策平台为教育主管单位提供作业管理机制、教学进度监控、教育质量分析、因材施教实施等主动预见型数字治理和决策分析，升华数据环境下的智慧教育。

2.5.1.3 基于精准作业的智能教学

随着信息技术的发展，扫描仪和打印机被引入课堂教学之中，其引入可以极大地促进教学活动的进行，提高教学质量和学生的学习效果。它们为教育工作者提供了方便快捷地制作和分享教学资源的方式。教师可以利用打印机将课件、教案和习题等教学资料转化为实体文件，方便学生使用。此外，教师还可以利用打印机制作教室装饰品、教学海报等视觉辅助工具，使学习环境更加丰富多样。其次，3D 扫描仪在教育领域的应用也取得了很大的成就。例如，学生可以使用手持 3D 扫描仪轻松地与核心主题进行互动，弥合物理与数字之间的鸿沟，提高 3D 学习的质量。此外，3D 扫描仪还可以帮助学生更好地了解比例及其与结构和性能的关系，使他们能够更好地理解和掌握复杂的概念。

目前，青岛市崂山区 39 所公办中小学都使用智能教学云平台，班级配有专门的打印机、扫描仪，全区各学科教师都能够独立使用智能教学云平台进行课堂教学和作业设计。教学云平台可以赋能"靶向作业"的设计与实施，通过智能扫描仪 1 分钟自动批阅作业，数据同步分析完毕，大屏立即显示出提交作业的人数、平均分等数据，以专业、直观的形式引导教师精准讲解。课后，教师通过"靶向作业"功能，为学生布置与当天所学知识配套的练习题，回应课前设问，结合所学内容实现个性化教学，让教师备课更有效。青岛市崂山区实验初级中学引进智能教学云平台，为每个班级配备了打印机和扫描仪，可实现随堂作业、课下作业的实时批改和当堂订正，以及完成情况的数据统计实时显示，让学生和教师都能够及时了解到学生的学习状态和水平，为教学改进提供数据支持。该平台还提供了智能分组讨论、随机点名和随机点组等多项功能，有助于提升学生的课堂参与度，促进学生的交流合作，有效地提高学生的学习积极性。

青岛市各区（市）和学校应用以上三种互联网技术及信息化设备支持开展的课堂教学模式的占比较大，在教育教学中也在不同程度上取得了良好的成效。

2.5.2 互联网支持课后辅导应用

青岛市教育局为进一步做好学生课后服务工作，要求各区（市）、各学校广泛深入宣传课后服务的实施方案和服务特色，使家长、学生充分了解课后服务时间、服务内容、组织形式等有关安排，积极引导有需要的学生自愿参加课后服务，课后服务实行"5+2"模式，即学校每周 5 天（工作日）都要开展课后服务，每天至少开展 2 个课时，结束时间要与各区（市）正常下班时间相衔接，对家庭按时接送仍有困难的学生，要实施弹性离校制度，提供适当延时托管服务，为家长接孩子提供方便。要求各级学校要完善课后服务实施方案，增强课后服务的吸引力。充分用好课后服务时间，指导学生认真完成作业，对学习有困难的学生进行补习辅导与答疑，为学有余力的学生拓展学习空间，与"十个一"项目的实施相结合，开展丰富多彩的科普、文体、艺术、劳动、阅读、兴趣小组及社团活动。学校和家庭依托智能手机等现有设备，支撑课后作业反馈、互动等。

各学校应利用国家、省市及各区（市）教育教学资源平台以及学校网络平台，免费向学生提供高质量专题教育资源和覆盖各年级、各学科的学习资源，组织优秀教师开展免费在线互动交流答疑，引导学生用好免费线上优质教育资源，做强做优免费线上学习服务，推动教育资源均衡发展。目前，全市在课后服务工作中已取得良好成效，其中，如表 2-4 所示，市级名师 e 辅导、市南区及西海岸新区学生课后服务效果尤为显著。

表 2-4　互联网课后辅导模式

课后辅导类型	模式简介	应用规模	应用效果
市级名师 e 辅导	使用齐鲁名师、青岛名师、名师工作室等优质教师资源，面向全市中小学生开展名师在线公益辅导，创建"e 辅导"课后服务平台	青岛市 e 辅导平台为全市师生免费提供每周名师导学课、一对一直播答疑、问答中心、微课资源等学习模块	充分发挥优质师资力量，丰富学生课后学习生活，助力学生学习能力有效提升
市南区课后服务	市南区各校开展课后服务三种模式："教师 + 志愿者"免费服务模式，学生"弹性离校"模式，"学校家委会主导、学校参与配合、第三方提供服务"的模式	2023 年，市南区中小学课后服务覆盖率 100%，惠及学生 46 481 人，参与率约为 99.38%；8 所公办初中初三年级全面开设晚自习，惠及学生 2 368 人，参与率约为 81.94%。未来，市南区将进一步优化"三好"课后服务模式，将课后服务课程纳入学校课程规划	减轻学生作业负担，切实地落实"双减"政策；巩固当天所学知识，提高学习效率；开设兴趣爱好培训班，培养学生的兴趣爱好
西海岸新区课后服务	西海岸新区课后服务坚持"基础资源为主，特色资源为辅"，鼓励各学校将托管工作和"十个一"项目实施紧密结合，指导学生利用托管时间进行阅读、艺术、体育、科技等项目的学习，满足更多学生个性化发展需求	西海岸新区已实现课后服务义务教育学校全覆盖，有需求的学生全覆盖，新区的课后服务以促进学生核心素养发展为目标，落实"双减"要求。充分挖掘整合社会资源，开展多元课后服务。各学校整合教师、家长和社会资源，组建课后服务志愿者库，全区共建设 1 191 个课程超市，开发了 1 184 门课后服务课程，包括艺术类、运动类、科技类、语言类、手工类、实践类等特色课程	西海岸新区课后服务对学生进行特长培养，大大提高了课后服务的质量和水平，培养学生核心素养，减轻家长与学生的教育负担

2.5.2.1　市级名师 e 辅导

为方便广大师生及家长更加便捷地获取教育教学资源，满足学生个性化学习需求，方便学生课后在家学习求教，进一步提升义务教育课后服务质量，促进优质教育资源共享，青岛市教育局组织教育技术、教研团队研发推出了"青岛教师在线 e 辅导"免费在线答疑服务系统。该系统充分使用齐鲁名师、青岛名师、名师工作室等优质教师资源，满足部分中小学课余时间课业指导的需求，青岛市教育局面向全市中小学生开展名师在线公益辅导，创建"e 辅导"课后服务平台。学生可利用课后时间在线观看名师公益课，充分发挥优质师资力量，丰富学生课后学习生活，助力学生学习能力有效提升。青岛市 e 平台为全市师生免费提供每周名师导学课、一对一直播答疑、问答中心、微课资源等学习模块。"名师在线公益辅导"，多措并举、综合施策，有效治理在职教师有偿补课问题。"e 辅导"模块针对多数学生对课业指导的基本需求，利用双休日时间进行辅导答疑。和"课后网"的专题课程不同，"e 辅导"的课程更加系统，实施在线辅导答疑的名师工作室保持相对固定。青岛市教育科学研究院按照教学计划指导名师工作室备课，摸清大多数学生对辅导的基本需求，力求所编排的辅导答疑计划与学生所学同步，让参加的学生获得系统、连续的辅导答疑服务。学生可参加直播学习，也可在方便的时间点播学习。青岛市西海岸新区在"e 辅导"课堂的基础上，开展"青青益课"名师公益课堂，"青青益课"是依托该区名校长、名班主任、名师等优势资源打造的集学科知识、心理辅导、家校沟通于一体的综合性教育平台。平台涵盖了小初高三个学段全学科的高质量专题教育资源和学习资源，为学生课外自主学习提供免费资源，助推新区教育资源实现优质均衡发展。学生可以通过学校配备的学伴机中的"AI 直播"功能进行学习，在课程直播开始前十五分钟进入并选择相应课程直接参与学习。

青岛市 e 平台为学生提供了一个全新的学习平台，提供了便捷、高效、优质的学习方式，有助于提高学生的学习效果、推动个人发展。不仅不受时间和地点的限制，学生可以根据自己的时间安排和学习需求，随时随地进行学习，还可以根据学生的学习情况和个人需求，提供个性化的学习方案和辅导计划，帮助学生更好地提升学习效果。同时，该平台设置互动性强的学习社区，学生可以在这里与其他学生交流学习心得、分享学习资料、讨论问题等，增加学习的趣味性和互动性，该平台为青岛市学生提供了优质的课后服务，帮助学生查缺补漏，促进学生知识水平提升。

2.5.2.2 市南区课后服务工作

为全面认真贯彻"双减"政策，确保党的教育方针落地生根，深化学校育人机制，青岛市市南区充分利用学校优势，优化课后服务模式，不断增强人民群众教育获得感。

2023 年，市南区中小学课后服务覆盖率 100%，惠及学生 46 481 人，参与率约为 99.38%；8 所公办初中初三年级全面开设晚自习，惠及学生 2 368 人，参与率约为 81.94%。市南区各学校课后服务工作规范化、精细化。市南区课后服务主要有三种模式。"教师 + 志愿者"免费服务模式：有课后服务需求的学生比较少的学校吸纳学校青年教师、返聘教师和家长志愿者等参与课后服务，每天托管活动不低于 1 小时，课后服务内容是安排学生完成课后作业或进行自主阅读，开展体育以及娱乐游戏、拓展训练、社团与兴趣小组活动，对个别学习有困难的学生给予免费辅导帮助。学生"弹性离校"模式：由教师看护和第三方服务相结合的形式，学校主要采取以专职教师看护孩子做作业和进行学习辅导为主，同时由学校聘请第三方机构实施，开展管乐、足球、国际象棋、机器人等收费课程为辅的策略。"学校家委会主导、学校参与配合、第三方提供服务"的模式：家委会在充分征求家长意见的基础上制订实施方案，建立财务管理等规章制度，聘请第三方机构，需要服务的学生由其家长向家委会提出申请，学校免费提供教室场地，免费提供水电和教师值班的义务服务，落实制度、管好课后服务。总体上看，目前，市南区学校都结合实际情况为学生提供了课后服务，彰显了各学校以学生为本的教育理念，丰富学生课余生活的同时，帮助学生培养个性化的兴趣爱好。

青岛燕儿岛路第一小学的校内免费服务以"教师走班"的形式，开展"悦"读、绘画、手工制作、生存技能学习、劳动技能练习、音乐赏析、跳绳等"五育"融合的课后服务及社团活动。青岛定陶路小学一二年级以绘本阅读为主，主要为三至六年级学生提供完成作业、自主阅读、难题挑战、口语训练等方面的看护帮助，充分利用好托管时间，进行基本功训练，培养学生兴趣特长。宁德路小学组建家校社协同的"'1+3'红石榴"课后服务团队，以"菜单·预约·协同"的方式，开展课后服务工作。学生们每月可以自选课程，通过参加每天1小时的趣味运动和1小时的N菜单自选社团活动，切实提升学生的综合素养。青岛第二十六中学组织师生共读数学名著《代数奇思》，并积极组织开展研学会，让学生组成合作研究小组，从不同领域、不同角度呈现小组的研究成果。学校邀请法律、心理健康等各领域的专家学者开展课后服务专家讲堂，开设了《中华人民共和国民法典》法律知识讲座和《青春之心灵　健康之少年》心理健康讲座，引导学生增强法律意识，学会自我保护，营造良好的心理成长环境。青岛第二十六中学京山校区把课后服务与"十个一"项目相结合，分四个时段开展社团课程与兴趣小组活动：第一时段进行体育锻炼，组织所有学生进行跑操训练，增强学生身体素质；第二时段开设阅读课、校本课程、学科类课程，提高学生学习兴趣的同时提高学习效率；第三时段进行学科答疑辅导，巩固学生文化知识；第四时段进行体育类社团训练，提高学生对体育运动的兴趣。

市南区各校课后服务活动都十分丰富，这不仅安排学生在学校完成作业，减轻回家作业负担，切实落实"双减"政策，还安排学生在校请教教师，巩固当天所学知识，提高学习效率。市南区许多学校提供的课后服务不仅仅是作业辅导，还有各种特长服务，如陶艺、舞蹈、书法、古筝、机器人编程、足球、田径等，学生可以根据自己的兴趣选择，这既能缓解学习压力，也能帮助学生学习一门新技能，培养学生的兴趣爱好。未来，市南区将进一步优化"三好"课后服务模式，将课后服务课程纳入学校课程规划，构建"五育"融合、校内外一体化的课外服务课程。与此同时，结合学校实际开展丰富的社团活动，引入有资质、学生喜欢、经验和口碑都好的外聘机构。全面推进"弹性离校"，不断优化服务时间、服务内容和管理方式。在服务时间上，在统一托管至5点半的基础上，灵活实施接力托管服务，保证学生离校时间弹性化。在服务内容上，结合学校办学特色，立足"十个一"项目，提供以发展特长、培养兴趣、拓展素养为目的的社团活动，采取"教师指导类""家长志愿类""社会公益类"等多种形式并行，学生在社团活动中得到综合素养的全面提升。

2.5.2.3 西海岸新区课后服务工作

为扎实落实"双减"政策，青岛市西海岸新区各学校积极探索课后服务新模式，升级课后服务新内容，极大地提升了课后服务的质量。西海岸新区课后服务工作紧紧围绕"思想认识到位、工作研究到位、措施落实到位"的三个到位目标，实现"让学生满意、让家长满意、让教师满意"的三个满意目标，实行"基本托管"+"个性服务"两步并行的思路，满足学生的不同需求。在家长自愿前提下，以不增加学生课业负担为原则，坚持"基础资源为主，特色资源为辅"，鼓励各学校将托管工作和"十个一"项目实施紧密结合，指导学生利用托管时间进行阅读、艺术、体育、科技等项目的学习，满足更多学生的个性化发展需求，助力学生素养全面提升，促进学生德智体美劳全面发展。西海岸新区强化学校课后服务的主体性，充分挖掘、整合社会资源，开展多元课后服务。各学校整合教师、家长和社会资源，组建课后服务志愿者库，志愿者以本校教师为主，以家长、大学生及符合条件的其他人员为补充；同时对接青少年宫、文化中心等提供优质专业服务，有效形成教师、家长、志愿者和各社会团体等多方共育的良好氛围。西海岸新区依托校内外优秀资源，打造多彩课后服务课程超市，探索开发精品课程，形成更有特色的课后服务。各学校立足学校特色和教师特长，打造一校一品、一校一特色，全区共建设了1 191个课程超市，开发了1 184门课后服务课程，包括艺术类、运动类、科技类、语言类、手工类、实践类等特色课程，逐步构建起以基础答疑辅导、特长教育等为主要内容的服务体系，让课后服务真正起到为孩子成长服务的作用。

西海岸新区的学校都结合实际情况为学生提供了课后服务，如青岛西海岸新区灵山卫小学升级"基础托管＋兴趣活动＋特长培养"的"1+X+T"课后服务模式，以学生自主选择为基础，综合考虑家长、学生的期待，落实"五育"并举，满足学生的个性化发展需要，并且学校通过家长委员会、家长会、校园开放日和汇报演出等形式，将课后服务课程设置与学习成果向家长展示，并邀请家长参与多元化课后服务课程授课，如烘焙、插花等，为学生的成长提供更多可能。该校明确方向、稳步开拓、家校社协同，提升课后服务品质和品位，彰显学校办学特色，让学生在更加广阔的天地中、更加丰富的课程里和更专业教师的引领下，实现个性化全面发展。西海岸新区隐珠小学在课后服务过程中，针对学有困难的学生进行学业指导，对学有余力的学生则进一步拓展学习空间，培养他们的兴趣特长。该校共开发了20多门课后服务课程，同时还邀请有特长、有意愿的家长，定期进校园对学生进行特长培养，大大提高了课后服务的质量和水平。为增强课后服务的吸引力，提高课后服务的质量和水平，目前，隐珠小学组建了绘画、纸艺、编织等24个不同的社团，充分发挥本校教师的优势，根据需要引进适合学生素质发展的特色课程，学生可自愿选择，报名学习。丰富的课程安排让大多数学生选择了校内课后托管，这不仅让学生度过了轻松愉快的课后服务时光，也切实减轻了家长的负担。

西海岸新区已实现课后服务义务教育阶段学校全覆盖，有需求的学生全覆盖，西海岸新区的课后服务以促进学生核心素养发展为目标，以课程观、全面育人观为宗旨，落实国家"双减"要求，让学生获得更好的成长。

2.5.3 智慧教学的特色应用模式

2.5.3.1 智慧体育教学

近年来，中小学体育教学得以快速发展，提高了青少年体质健康水平。伴随着信息时代的发展，"互联网+"以及各项人工智能技术的形成和完善，赋能中小学体育教学，使体育教学环境更加智能化、智慧化。智慧体育教学能在传统体育教学的基础上帮助师生取得更好的教学效果。此外，信息时代的技术发展为中小学智慧体育教学发展提供了技术保障，现在已经广泛使用的传感器和生物芯片等设备可以随时随地以数字形式呈现运动强度和运动密度，使体育教学的数字化更加直观。

青岛市中小学十分重视智慧体育体系的建设，作为全国海洋科技中心城市，青岛市有着丰富的科技资源和深厚的科研实力。青岛市政府对智慧体育的发展给予了极大的支持，通过政策引导、资金扶持等方式推动其在中小学的普及。同时，全市部分中小学还积极引进和研发先进的智慧体育设备和技术，支持智慧体育体系的建设。全市部分中小学已经引入一系列智慧体育设施和技术进入学生体育课堂。例如智能操场，可以通过传感器实时监测学生的运动数据，包括运动量、心率、疲劳度等，从而为学生在合理范围内的运动提供保障。建设VR体验馆，可以让学生身临其境地体验各种运动场景，大大提高了学生的学习热情。这些设施和技术不仅使体育教学更加科学化、个性化，还在潜移默化中帮助学生养成科学锻炼的好习惯。

青岛市市南区实验小学利用智能穿戴设备技术，提升学生身体素质，引入智能手环，引领体育课堂的变革。随着技术的发展，穿戴设备成了提升教学效果、激发学生学习热情的新工具。借助青少年体育健身大数据平台，建设该校学生体质健康"检测—分析—干预—评价"系统。教师课上通过终端设备收集数据，可以实时了解学生的实际运动量与心率，监控学生运动情况，及时调整教学内容，调控教学设置的目标，帮助教师更好地了解学生的身体状况和运动状况，制订更准确的运动计划和指导方案。同时，穿戴设备可以根据学生的实时运动情况，帮助学生更好地进行训练和提高体能水平。此外，利用穿戴设备的数据分析技术，可以根据学生的运动数据，对学生进行更准确的评估和提高方案的推荐。利用穿戴设备，还可以让学生之间可以通过穿戴设备的数据进行比拼、竞争、协作等，增强学生的参与感和主动性，提高体育课堂的趣味性和吸引力。教师还可以按照学年同比、环比、历史数据对比分析，形成班级课堂评价报告，精心设计教学内容，优化课堂环节，统一监测、评价、管理，从而有效提升教学实效。

青岛市西海岸中学创设创客空间，围绕日常学习生活场景开展，经过机器人的硬件搭建、程序设计和运行调试，让学生用"人工智能＋"的思维方式探究智能机器人在体育场景中的妙用。该校通过创设"智慧操场"，完成对数据采集设备的运用，教师能实时获取学生的运动心率、热量消耗等数据，更加精确地追踪学生的体能状态，及时调整教学策略。青岛市崂山区实验学校将校园运动场馆智慧化，融入了各种先进的数字化设施和平台。如游泳馆防溺水系统、篮球馆的运动轨迹追踪系统以及智能电子射击训练平台。

青岛市西海岸新区五台山西路小学利用人工智能技术打造智慧操场。智慧操场主要由仰卧起坐、50 米跑、一分钟跳绳、引体向上、原地掷实心球五大区域组成。除此之外，整个操场安装了 14 个智能化摄像头，可以实现以上体育测试项目的智能化测试，并且可以进行云端大数据分析。整个教学过程中，学生无须穿戴任何监测设备，只要进入智慧操场，就可以进行教学或测试任务，测试完成后系统会对学生的运动过程进行智能分析和多维度评价，教师可根据运动姿态分析，准确诊断每个学生的不规范动作，精准指导每个问题，提高学生运动效果和运动成绩。学生在课后也可以自主进行体育锻炼和练习，确保进行充足的体育锻炼。学生在校的运动数据，会完整保存在学生个人信息中，帮助学校立体了解学生的综合素质水平。智慧体育操作系统可以通过快速测试、随堂测试、国家体测以及自由练习四种测试方式对学生进行测试，测试完成之后，系统会对学生的成绩进行大数据分析，这充分解决了该校教师在收集数据时难测量、难记录、难分析的问题。

全市要充分认清智慧体育建设的重大意义，加大智慧体育宣传推广，提高全市中小学对智慧体育的认识和接受度。中小学建设智慧体育有助于提高学生的兴趣和参与度，满足个性化需求，提升信息化应用水平，降低运动风险，创新体育课体验。同时也响应了健康第一的指导思想，全市要鼓励各区（市）中小学建立更加完善的智慧体育系统，利用人工智能技术赋能体育教学，督促学生积极参加体育锻炼，形成良好的锻炼习惯，提高体质健康水平。

2.5.3.2　智慧书法教学

在传统的书法教学课堂中，教师通常只关注学生的书写结果，缺少对学生书写过程的评价与跟踪。以动画演示为主的汉字学习系统，大多只重视笔顺练习，"笔画"并非学生的原笔迹，无法促进个性化的学习与评价。因此，智慧书法的出现具有重要意义。智慧书法教学模式，需要依托智能设备进行自动化书法教学，可以让学生更加专注于书法的学习和练习，减少外界因素的干扰。同时，通过实时反馈和个性化学习方案的提供，可以帮助学生及时纠正错误和提高学习效率，从而更好地提升学习效果。除此之外，智慧书法教室还可以帮助教师更好地了解学生的学习情况和进度，为每个学生提供个性化的学习方案和反馈建议。这为教师在书法教学中提供了更多的可能性，也使得学生的学习更加个性化和高效。智慧书法教室通过科技手段将传统书法教育方式与现代科技相结合，不仅可以让更多人了解和认识书法这一传统文化，还可以促进书法的传承和发展。

近年来，青岛市教育局不断推进中小学书法教育，将智慧书法教育纳入中小学课程体系。通过开展智慧书法教育，学生可以更深入地了解书法文化，掌握书法技巧，提高自身的文化素养和审美能力。为让学生更好地学习书法，青岛市教育局还积极推动各区中小学智慧书法教室的建设，提高学生的学习兴趣和参与度。当前青岛市部分中小学通过创设数字化书法实验室，将技术与书法教学进行结合，推动学生书法学习效果提升。青岛市部分中小学将点阵笔技术应用于书法练字场景，借助点阵识别、笔迹识别、学习分析和机器学习等技术，实现手写笔迹提取和手写汉字的识别，并依托智能教学系统支持师生互动教学：即在传统练字帖的基础上铺上点阵码，通过点阵笔书写的轨迹来进行 AI 评分，告诉学生所写的字笔画是否正确，书写是否工整。在不改变学生传统书写习惯的基础上，教师可同步监控所有学生的书写过程，任意调取一名或多名学生的书写作品进行多种形式的案例解说。

青岛西海岸新区育才初级中学，不仅打造智慧化学习环境，而且重视书法教育的创新发展，创建了智慧书法教室，将科技与传统书法教育融合，借助多维互动系统及笔尖跟踪系统，把教师的书写示范同步传输到每一名学生的数字临摹台，达到一对一示范的效果，解决了教师资源不足的问题。胶州市昱华实验小学配备了功能先进的数字书法教室，对接书法数字资源平台，拥有海量的书法教学视听资源，并能定期更新，利用书法教学系统，真正实现的师生交互式授课。教师的教授和示范过程可以实时、清晰地到达学生的学习端，同时，学生的学习过程可以同步在教学端清晰地呈现，便于教师及时点拨指导，切实推动了个性化教学、分层教学的有效落实。青岛市城阳区流亭街道空港小学为了规范学生书写，从 2017 年开始，推行胡一帆"快乐习字"语文写字及书法课堂教学软件——《一帆书法课堂》，率先以微课教学的方式为教师提供专业的写字课程和系统支持。该软件与语文教材同步，可帮助语文教师开展习字教学任务，是语文习字、书法教学的好帮手。

青岛市中小学智慧书法教育呈现出积极的发展趋势，部分中小学通过将智慧书法教育纳入中小学课程、建立智慧书法教室、开展智慧书法比赛和展览活动以及培养智慧书法教师队伍等措施的实施，为青岛市中小学智慧书法教育长足的发展提供了保障。

2.5.3.3 信息化赋能支教，促进优质教育资源均衡

为缩小城乡信息化教育差距，帮助偏远农村地区学生获得更好的信息化学习资源和教育机会，2017 年起，城阳区教体局开展"接力帮——信息支教"活动，为山区孩子义务送教。截至 2023 年 9 月 7 日，城阳区教师累计进山 2 000 余人次，行程 50 000 余公里，为山区学生义

务送教信息科技课 1 000 余节。"接力帮——信息支教"活动的持续开展,不仅推动城阳区信息科技学科优质资源横向流动,促进教育优质资源均衡,同时也加快了城阳区人工智能在教育领域的创新应用,推进智慧教育建设,靶向提升学生数字素养水平。

2.5.4 教师专业发展支持

结合青岛市基础教育阶段教师的发展实际,以下从教师为提升互联网教学能力而进行的活动参与、活动效果和共同体建设三个方面获得的支持进行分析。活动参与指教师在提升互联网教学能力过程中有充分机会和足够时间持续参与到互联网教学专业发展活动中;活动效果是指互联网教学专业发展活动能够促进经验积累与实践反思;共同体建设是指教师互联网教学能够获得来自专业发展共同体的支持。

如图 2-54 所示,根据 2023 年青岛市基础教育阶段教师通过互联网进行专业发展获得支持情况统计,活动效果的指数最高,为 4.15;其次为共同体建设,其指数为 4.08;活动参与指数最低,为 4.04。

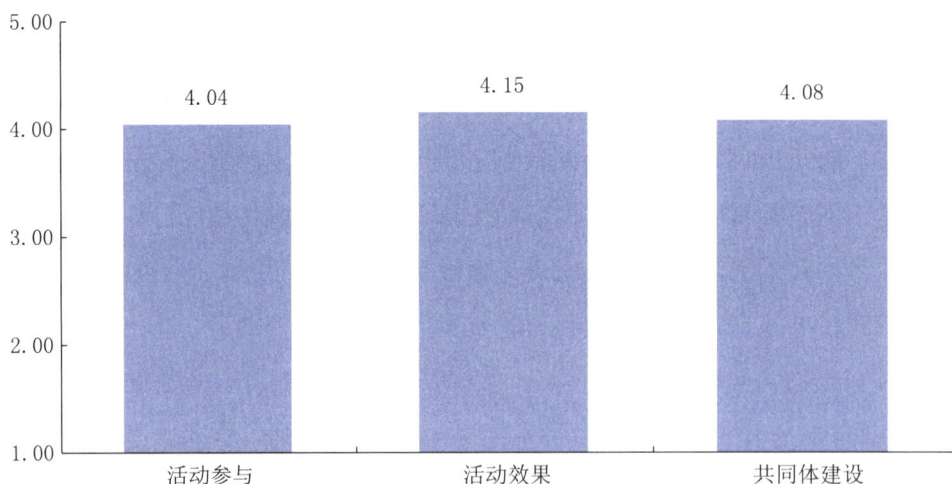

图 2-54 2023 年青岛市基础教育阶段教师互联网学习支持服务发展指数

2.5.4.1 活动参与

教师互联网教学专业发展活动参与情况显示,78.83% 的教师认为他们经常有机会参与互联网教学相关的能力提升活动,如教研、培训、课题研究等,在此方面的能力发展水平较高,发展指数为 4.04。这说明教师在接受互联网教学相关能力提升活动方面机会较充足,而在时间的充裕性方面可能仍有提升空间。

2.5.4.2 活动效果

关于教师参与互联网教学能力提升活动的效果情况,调查显示,84.36% 的教师参与了学校或区域组织的教学能力提升活动，能够为他们开展互联网教学提供可行的策略与方法，其发展指数为4.15。另外，84.36%的教师也认可其参加的能力提升活动能够引发对自身互联网教学实践的探究和反思，在此方面的能力发展水平较高。

2.5.4.3 共同体建设

对教师进行互联网教学所获得的来自专业发展共同体的支持情况的调查结果显示，84.36%的教师在互联网教学探索中经常能够得到如本地教研小组、在线学习社群等专业共同体的支持，说明青岛市绝大多数基础教育阶段教师在进行互联网教学活动时能获得来自专业发展共同体的支持。

2.5.5 学习支持服务

2.5.5.1 学习支持服务概况

结合青岛市基础教育阶段学生的发展实际，以下从学生进行互联网学习的学习策略、学习评价、寻求帮助、动机与情感四个方面获得的支持进行分析。学习策略是指学生进行互联网学习过程中获得的来自教师、同伴以及专门的讲座与课程的互联网学习相关的学习策略与方法的支持；学习评价包括学生进行互联网学习时来自教师、同伴与互联网学习平台的有效评价与反馈；寻求帮助指学生进行互联网学习过程中遇到问题与寻求帮助时能够获得及时回应与令人满意的回答；动机与情感支持是指学生在开展互联网学习过程中获得动机激励与情感支持。

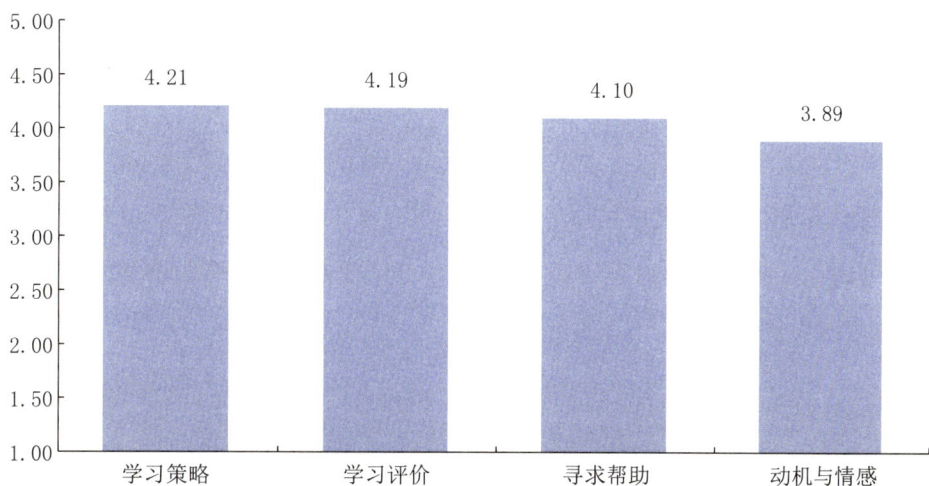

图 2-55　2023 年青岛市基础教育阶段学生互联网学习支持服务发展指数

如图 2-55 所示，根据 2023 年青岛市基础教育阶段学生进行互联网学习获得支持情况的统计，学生获得学习策略的指数最高，为 4.21。之后依次为学生获得学习评价、学生寻求帮助、学生动机与情感，指数分别为 4.19、4.10、3.89。学校和教师积极地为学生提供及时回应、有效满意的回答、动机激励与情感等各方面的支持，保证了学生互联网学习活动的顺利开展。

2.5.5.2 学习策略

关于学生在互联网学习过程中获得的来自教师、同伴以及专门的讲座与课程的互联网学习相关的学习策略与方法方面的支持情况，调查显示，超八成的学生认为通过专门的讲座与课程或从教师及同伴那儿学到了有用的互联网学习策略与方法，比如与搜索技巧、学习工具、行为习惯相关的策略与方法等，其能力发展水平达到较高水平，发展指数为 4.21。在基础教育阶段学生的互联网学习过程中，教师、同伴以及讲座与课程为学生提供策略与技能方面的支持以及指导，有利于学生健康高效地开展互联网学习。

2.5.5.3 学习评价

学生对自己获得的来自教师、同伴和学习平台的评价与反馈的有用性、客观性以及价值的评价情况显示，82.87% 的学生认为在互联网学习过程中总是能够从教师那儿获得有用的评价和反馈，80.77% 的学生认为学习平台对于改进学习很有帮助，发展指数分别为 4.20 和 4.18。由此可见，大部分学生对于自己在互联网学习过程中获得的学习评价比较满意。

2.5.5.4 寻求帮助

学生在进行互联网学习过程中遇到问题与寻求帮助时能够获得及时回应与令人满意的回答。78.39% 的学生通过互联网提出的问题总能得到教师或同伴及时有效的回应。

2.5.5.5 动机与情感

学生在开展互联网学习过程中获得动机激励与情感支持情况的调查显示，80.31% 的学生认为互联网上的学习内容与活动设计能够对其产生吸引。

就互联网学习动机而言，超过七成的学生是为了更好地理解所学知识，超过六成的学生是为了复习巩固所学知识，超过五成的学生是为了进行自主练习或测试而进行互联网学习。因此，需要持续地提升互联网学习内容与活动设计的吸引力，并营造良好的互联网学习氛围，给学生提供更多的互联网学习动机与情感支持。

2.5.6 管理者激励与保障

管理者在对教师与学生进行互联网教学与学习过程采取的激励与保障情况如图 2-54 和图 2-55 所示，"完全符合"和"比较符合"合计 95.10% 的管理者所在学校会对在互联网教学相关竞赛或评比中获奖的教师给予激励，这方面的发展指数为 4.60。"完全符合"和"比较符合"合计 95.80% 的管理者所在学校会为教师积极争取或提供互联网教学培训或观摩机会，这方面的发展指数为 4.66。"完全符合"和"比较符合"合计 93.00% 的管理者所在学校会定期举办互联网教学能力提升有关的培训、教研活动或教学竞赛，这方面的发展指数为 4.56。根据数据调查结果，青岛市基础教育阶段管理者基本对互联网教学与学习高度重视，"完全符合"和"比较符合"合计占比均有九成左右，各个维度指数也均处于较高水平。

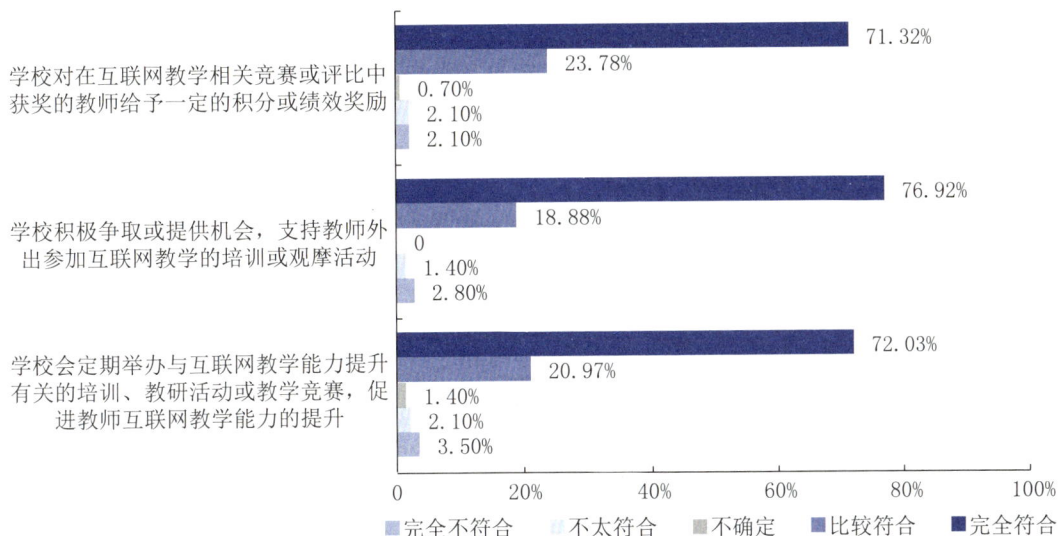

图 2-56　2023 年青岛市基础教育阶段教育管理者激励与保障占比情况

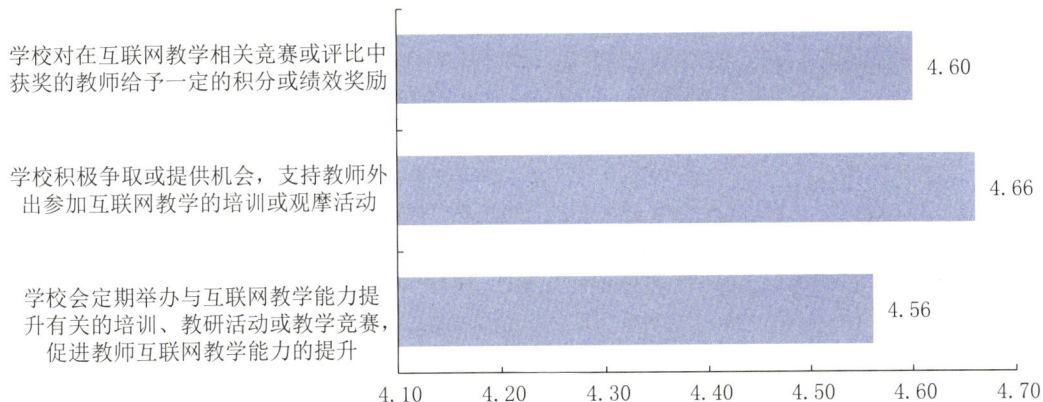

图 2-57　2023 年青岛市基础教育阶段教育管理者激励与保障指数情况

如图 2-58 所示，对青岛市基础教育阶段管理者所在学校采取推进互联网教学和学习的保障措施调查中，63.64% 的学校已形成完善的信息安全组织管理制度，64.34% 的学校会为学生提供互联网学习方法专题指导，64.34% 的学校已形成教师互联网教学教研相关制度，其余制度举措均有较高占比。根据数据调查结果，青岛市基础教育阶段管理者所在学校对互联网教学与学习实施了多种举措，并且有较高的推行比例。

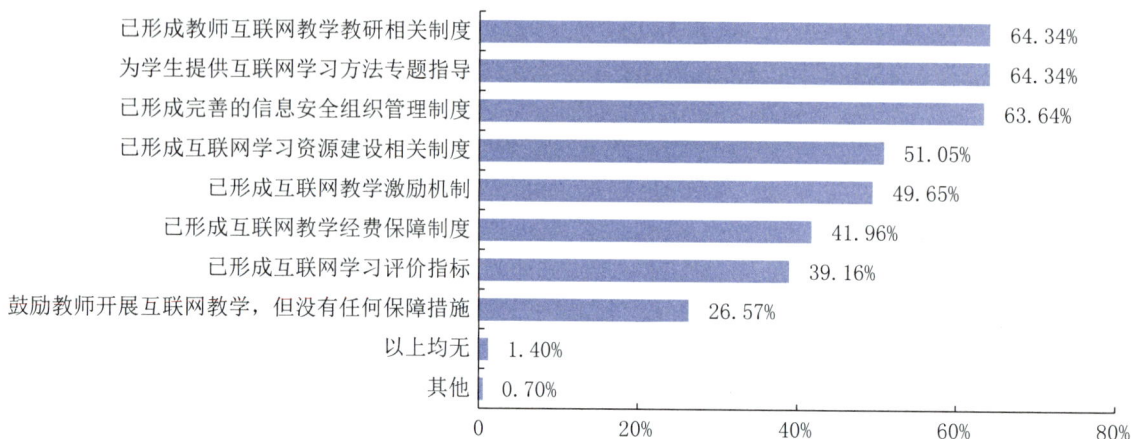

图 2-58　2023 年青岛市基础教育阶段学校采取推进互联网教学和学习的保障措施

如图 2-59 所示，在对青岛市基础教育阶段管理者视角互联网教学不足情况的调查中，65.73% 的管理者认为硬件设备有待完善，46.15% 的管理者认为学校优质资源结构性短缺，31.47% 的管理者认为部分家长的理念是推行互联网教学的阻碍。互联网教学与学习的发展，需要家长、教师、学校等多方给予更多关注。

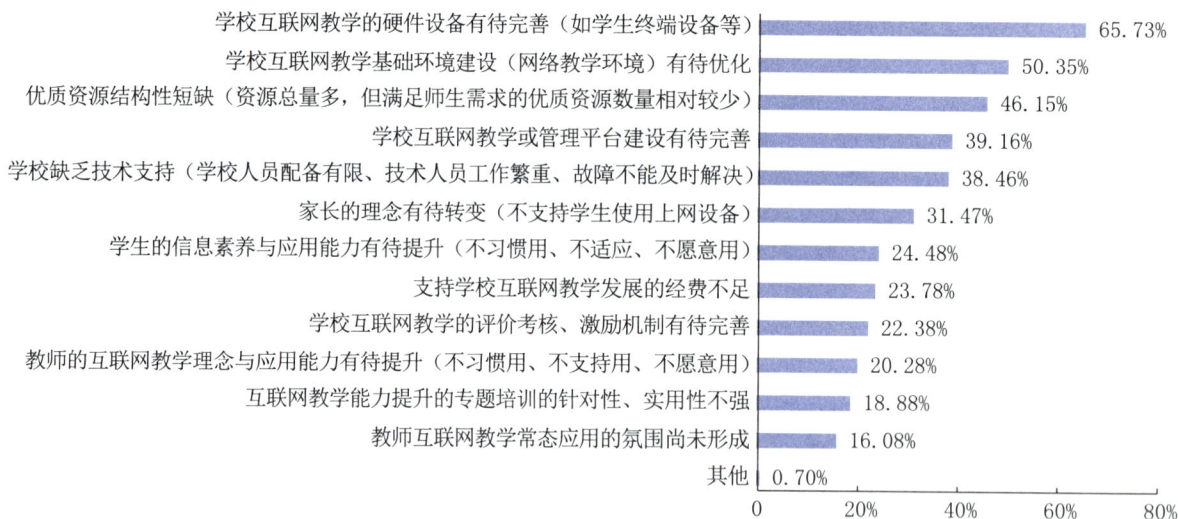

图 2-59　2023 年青岛市基础教育阶段管理者视角互联网教学不足情况

如图 2-60 所示，对青岛市基础教育阶段管理者视角期望从上级主管部门得到支持的情况的调查中，81.12% 的管理者希望上级主管部门提供更加优质的在线教学资源，促使学校教学质量稳步提高，73.43% 的管理者希望上级主管部门提供更加优质的在线教学与管理平台，改善在线教学环境，52.45% 的管理者希望上级主管部门搭建与兄弟学校合作交流的平台，实现优质教师资源的共享。

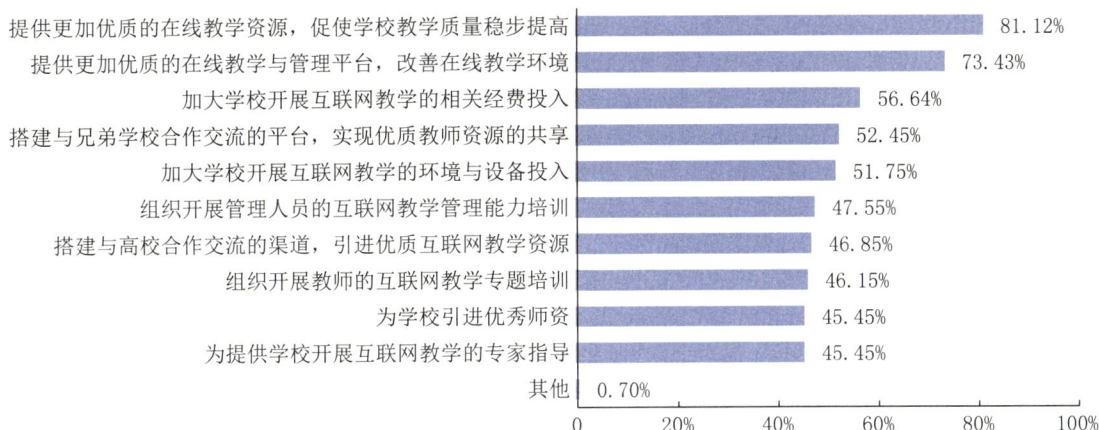

图 2-60　2023 年青岛市基础教育阶段管理者视角期望得到支持的情况

2.6　师生应用国家中小学智慧教育平台

国家中小学智慧教育平台功能丰富，涵盖自主学习、教师备课、"双师课堂"、作业活动、课后服务、教师研修、家教指导等多类应用场景。该平台"课程教学"模块涵盖语文、数学、英语、物理、化学五大学科的"基础性作业"，其中每一章（单元）都有单元内容结构，帮助学生完善知识结构。在单元内容结构下面有单元作业目标，每一个目标都有编码，学生在学习完一节之后查看"基础性作业"中对应章节"回顾与整理""思维与方法""实验与实践""评价与反思"中的题目。

2.6.1　教师应用国家中小学智慧教育平台

青岛市对国家中小学智慧教育平台上的应用挖掘较为深入。青岛市西海岸新区珠江路小学开启了"双师智慧课堂"的全新教学模式，将优质教育资源共享，实现教学内容传递、实时互动、统一作业、统一学习空间等远程课堂教学，跨校合作，交叉互评，形成微课记录，弥补村小师资不足。平度市凤台中学精选提炼互联网名师教学资源，加以精心编辑整理，嵌入线下课堂，探寻出一种"双师"协调的混合式教学模式，让名师资源助力教师教学水平提高，让"双师"共同助力每一名学生课堂成长。

图 2-61 和图 2-62 表明了 2023 年青岛市基础教育阶段教师对国家中小学智慧教育平台应用情况及手机端下载情况。其中，96.63% 的教师会使用国家中小学智慧教育平台进行教学工作，92.20% 的教师在手机端上安装了国家中小学智慧教育平台 App。以上数据，足以表明国家中小学智慧教育平台在青岛市教学工作中被使用的广泛程度及重要作用。

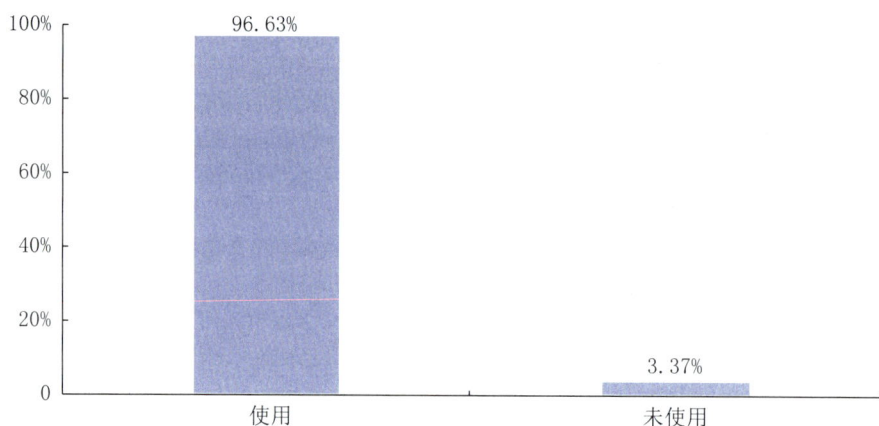

图 2-61　2023 年青岛市基础教育阶段教师国家中小学智慧教育平台使用情况

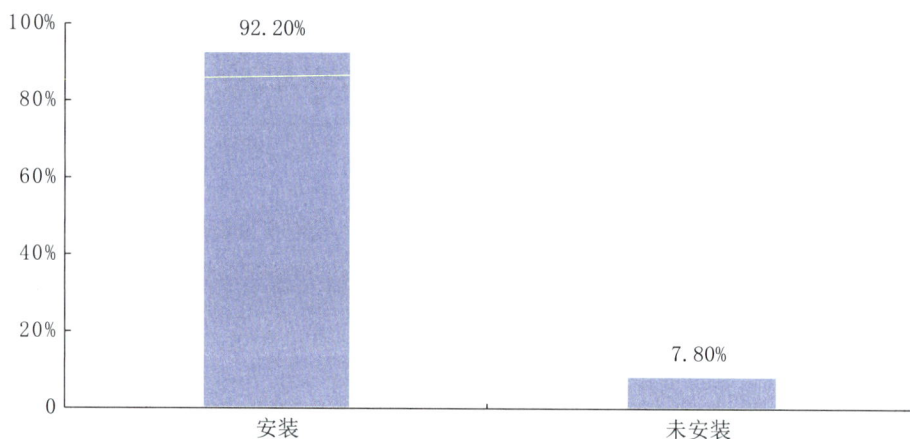

图 2-62　2023 年青岛市基础教育阶段教师国家中小学智慧教育平台手机端安装情况

　　图 2-63 表明了 2023 年青岛市基础教育阶段教师利用国家中小学智慧教育平台的情况，82.74% 的教师利用该平台进行教师研修活动，68.38% 的教师利用该平台开展日常教学工作。利用该平台开展课后服务及家校协同育人的教师分别占 38.51% 和 29.54%。

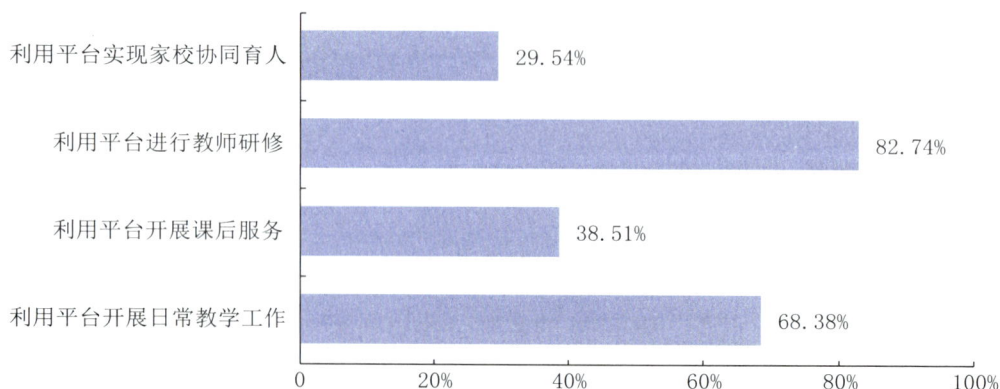

图 2-63　2023 年青岛市基础教育阶段教师利用国家中小学智慧教育平台的情况

如图 2-64 所示，在对青岛市基础教育阶段教师利用国家中小学智慧教育平台进行日常教学工作情况的调查中，有 90.05% 的教师表示会借助备课资源包（课件、课标解读、电子教材等）进行备课，75.61% 的教师表示会参考名师课堂进行备课，63.47% 的教师表示会利用该平台资源开展探究式教学（基于项目、主题、问题式的探究教学），14.68% 的教师表示会通过班级管理功能进行作业布置及批阅。

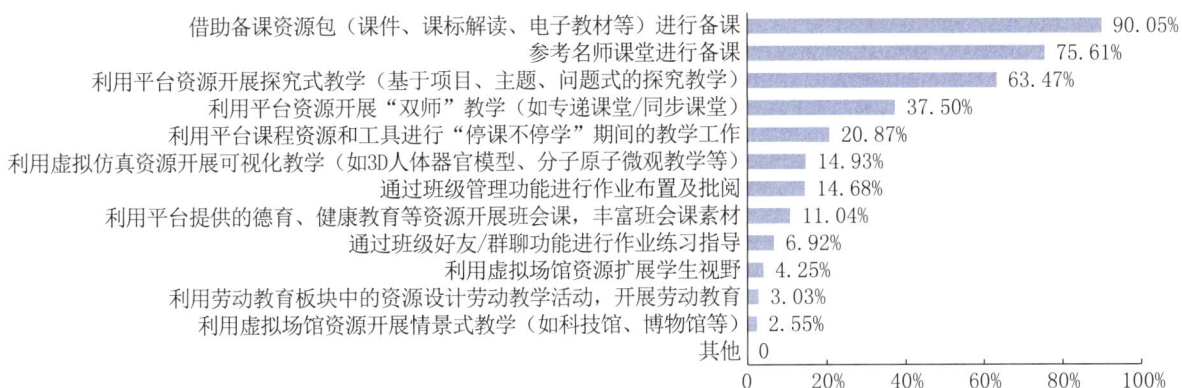

借助备课资源包（课件、课标解读、电子教材等）进行备课 ▓▓▓▓▓▓▓▓▓▓ 90.05%
参考名师课堂进行备课 ▓▓▓▓▓▓▓▓ 75.61%
利用平台资源开展探究式教学（基于项目、主题、问题式的探究教学） ▓▓▓▓▓▓ 63.47%
利用平台资源开展"双师"教学（如专递课堂/同步课堂） ▓▓▓ 37.50%
利用平台课程资源和工具进行"停课不停学"期间的教学工作 ▓▓ 20.87%
利用虚拟仿真资源开展可视化教学（如3D人体器官模型、分子原子微观教学等） ▓ 14.93%
通过班级管理功能进行作业布置及批阅 ▓ 14.68%
利用平台提供的德育、健康教育等资源开展班会课，丰富班会课素材 ▓ 11.04%
通过班级好友/群聊功能进行作业练习指导 ▌ 6.92%
利用虚拟场馆资源扩展学生视野 ▌ 4.25%
利用劳动教育板块中的资源设计劳动教学活动，开展劳动教育 ▌ 3.03%
利用虚拟场馆资源开展情景式教学（如科技馆、博物馆等） ▌ 2.55%
其他 0

0   20%   40%   60%   80%   100%

图 2-64　2023 年青岛市基础教育阶段教师利用国家中小学智慧教育平台进行日常教学工作情况

如图 2-65 所示，在对青岛市基础教育阶段教师利用国家中小学智慧教育平台开展课后服务的情况调查中，有 82.11% 的教师表示会利用师生群聊功能进行学习答疑辅导，62.50% 的教师表示会利用该平台课后服务板块中的资源开展文化艺术类课后服务（如书法、绘画等）。59.70% 的教师表示会利用该平台课后服务板块中的资源开展经典阅读类课后服务（如名著、儿童文学等），43.10% 的教师表示会利用该平台课后服务板块中的资源开展科普教育类课后服务（如生命科学、航天等）。

利用师生群聊功能进行学习答疑辅导 ▓▓▓▓▓▓▓▓ 82.11%
利用平台课后服务板块中的资源开展文化艺术类课后服务（如书法、绘画等） ▓▓▓▓▓▓ 62.50%
利用平台课后服务板块中的资源开展经典阅读类课后服务（如名著、儿童文学等） ▓▓▓▓▓▓ 59.70%
利用平台课后服务板块中的资源开展科普教育类课后服务（如生命科学、航天等） ▓▓▓▓ 43.10%
利用平台课后服务板块中的资源开展体育锻炼类课后服务（如篮球、健康知识等） ▓▓▓ 32.76%
利用平台课后服务板块中的资源开展影视教育类课后服务（如纪录片、公益电影） ▓▓ 28.23%
其他 0

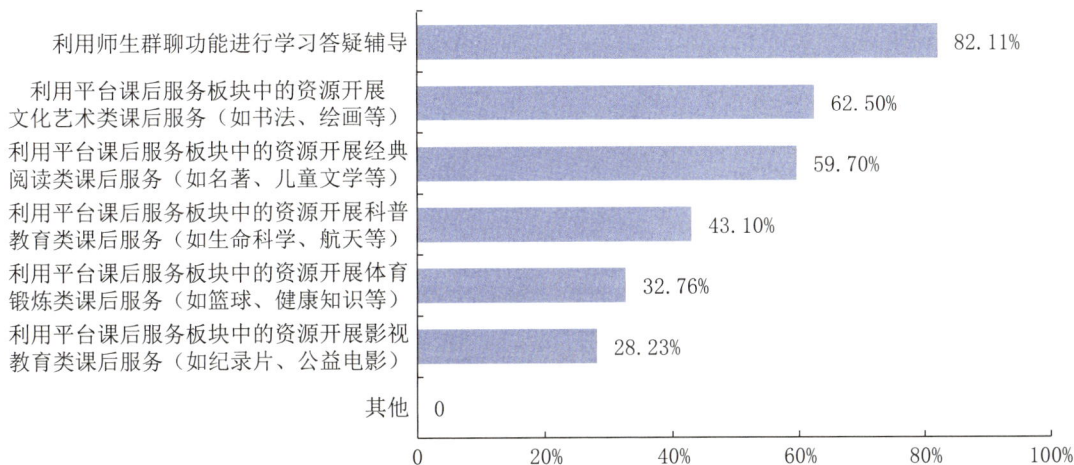

0   20%   40%   60%   80%   100%

图 2-65　2023 年青岛市基础教育阶段教师利用国家中小学智慧教育平台开展课后服务的情况

如图 2-66 所示，在对青岛市基础教育阶段教师在国家中小学智慧教育平台的研修情况的调查中，有 78.84% 的教师表示会参与学校或教育局组织的基于平台资源的研修活动；57.27% 的教师表示会参加名师工作室，接受专家指导和引领；56.87% 的教师表示会组建研修共同体，分享资源，协同教研；54.56% 的教师表示会自主选学平台研修版块内容（如作业命题、学科研修等）。

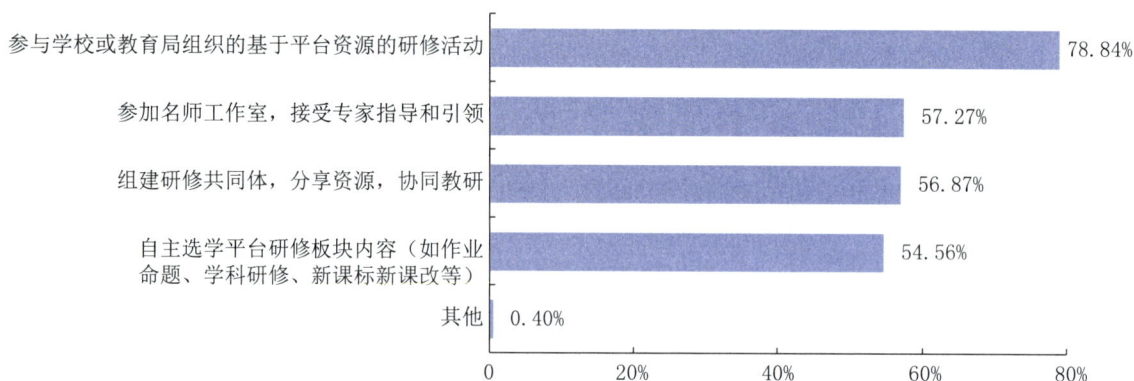

图 2-67 2023 年青岛市基础教育阶段教师在国家中小学智慧教育平台的研修情况

如图 2-67 所示，在对青岛市基础教育阶段教师在国家中小学智慧教育平台进行家校协同育人的情况的调查中，有 91.85% 的教师表示会通过家校群功能与学生家长沟通，83.43% 的教师表示会向学生家长推送平台上的家庭教育资源（如家庭教育观念、方法指导），80.90% 的教师表示会通过家校群功能发布家长会通知。由此可知，在家校沟通方面，近九成的教师都会选择该平台，可见该平台在家校协同方面起到了十分重要的作用。

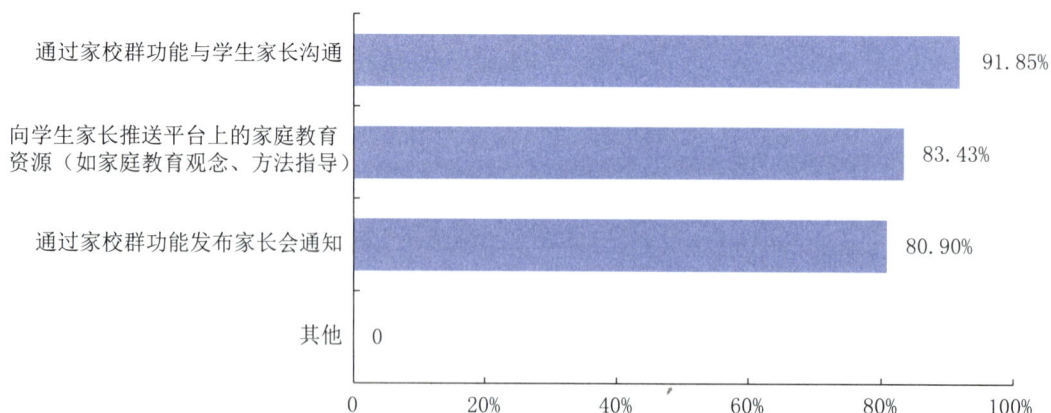

图 2-67 2023 年青岛市基础教育阶段教师在国家中小学智慧教育平台进行家校协同育人的情况

如图 2-68 所示，在对青岛市基础教育阶段国家中小学智慧教育平台对教师的帮助情况的调查中，有近九成的教师认为平台多样的数字化资源可以丰富他们的课堂。在教学设计方面，有 81.08% 的教师认为该平台可以能开阔其对课堂教学设计的思路，有 70.71% 的教师认为该平台能丰富日常研修活动的内容和形式。在教学方面，有 35.10% 的教师认为该平台有助于实现学生精准评价与反馈。国家中小学智慧教育平台目前对教师教学工作上的帮助十分显著。

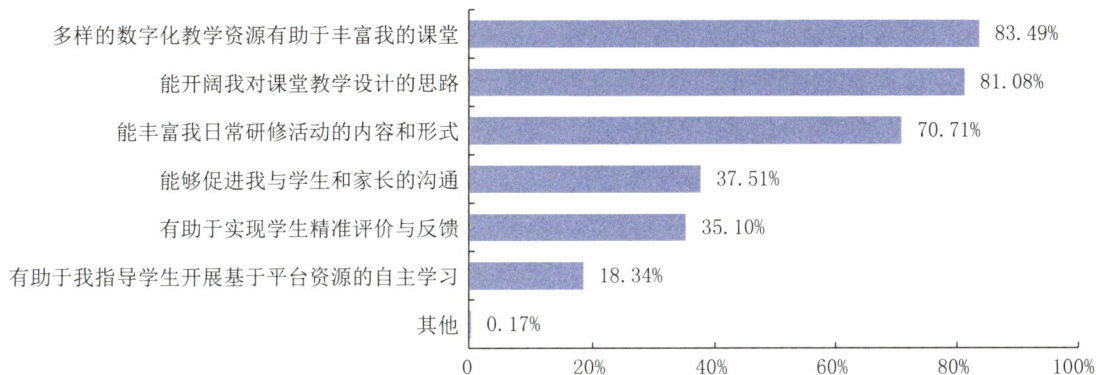

图 2-68　2023 年青岛市基础教育阶段国家中小学智慧教育平台对教师的帮助情况

如图 2-69 所示，青岛市基础教育阶段教师使用国家中小学智慧教育平台遇到的问题类型有许多，其中占比最多的是有近六成教师认为存在电子教材版本、课程资源不全的问题，42.57% 的教师认为该平台缺乏关于实验操作的演示类资源，31.70% 的教师认为资源形式多为视频资源，较为单一。

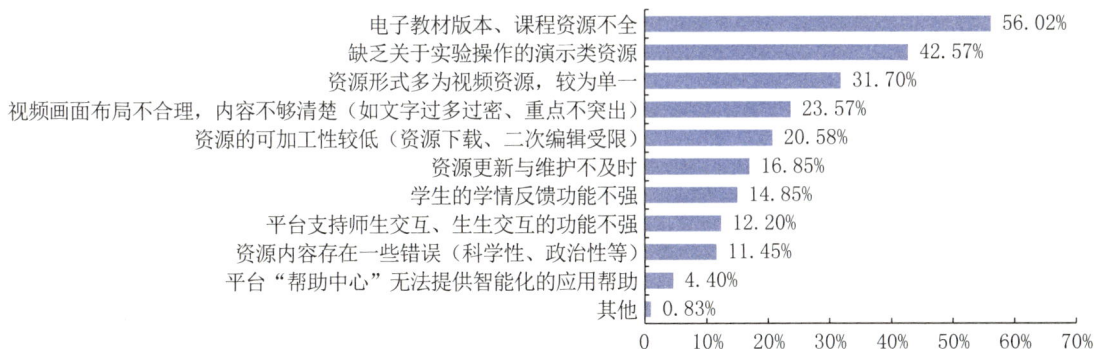

图 2-69　2023 年青岛市基础教育阶段教师使用国家中小学智慧教育平台遇到的问题

如图 2-70 所示，在对青岛市基础教育阶段教师认为国家中小学智慧教育平台需改进的资源的情况调查中，有 64.65% 的教师认为平台应该丰富资源形式，增加音频、动画、文本、图像等多种形式资源。大部分教师认为需要改进资源案例、丰富资源形式，如应该增加虚拟场馆资源的应用活动设计案例；增加虚拟实验室，支持物理、化学、生物实验教学；增加认知类工具，支持学生思维发展（如思维导图、编程猫等），这三类的占比分别为 44.56%、40.66% 及40.00%。

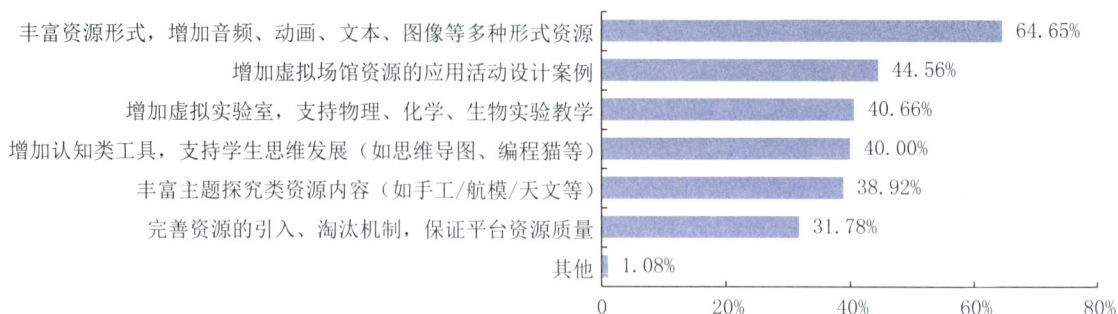

图 2-70　2023 年青岛市基础教育阶段教师认为国家中小学智慧教育平台需改进的资源的情况

　　如图 2-71 所示，在对青岛市基础教育阶段教师认为国家中小学智慧教育平台需改进功能的情况调查中，有 70.54% 的教师认为该平台应该增加资源的智能推送功能，提高资源应用效率。有 54.36% 的教师认为应该增加在线测试、作业练习及参考答案等功能。有 52.12% 的教师认为应增加学情分析和学习诊断报告功能。有 31.04% 的教师认为应细化资源的评价反馈功能，如支持用户给出打星评分、转发、收藏的理由。

图 2-71　2023 年青岛市基础教育阶段教师认为国家中小学智慧教育平台需改进功能的情况

　　如图 2-72 所示，在对青岛市基础教育阶段教师认为应如何推动国家中小学智慧教育平台的充分应用的情况调查中，有 74.52% 的教师认为应该开展平台资源与工具的应用培训，有 72.86% 的教师认为应该开展基于平台的信息化教学能力提升培训，有超四成的教师认为应该将参与平台研修的学时（学分）计入教师继续教育学分，还有四成的教师认为应该由区域或学校制订平台的应用激励措施（如绩效考核、荣誉表彰等）。

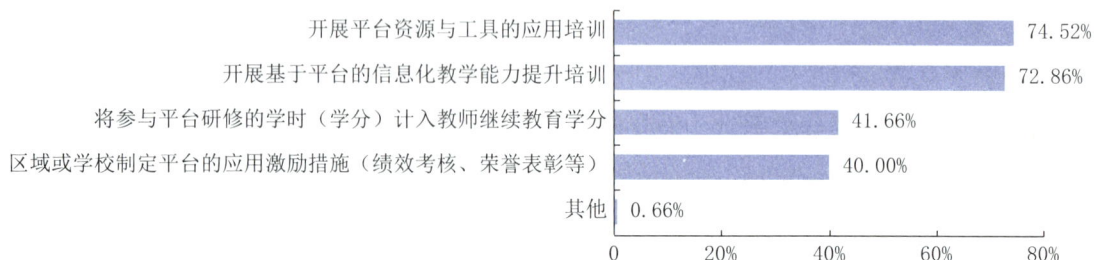

图 2-72　2023 年青岛市基础教育阶段教师认为应如何推动国家中小学智慧教育平台的充分应用的情况

2.6.2 学生应用国家中小学智慧教育平台

图 2-73 和图 2-74 表明了 2023 年青岛市基础教育阶段学生对国家中小学智慧教育平台的应用情况及手机端下载情况。68.02% 的学生会使用国家中小学智慧教育平台进行学习，其中，有 82.93% 的学生在手机上安装了国家中小学智慧教育平台 App。以上数据，足以表明国家中小学智慧教育平台在青岛市的教学工作中被使用的广泛程度及重要作用。

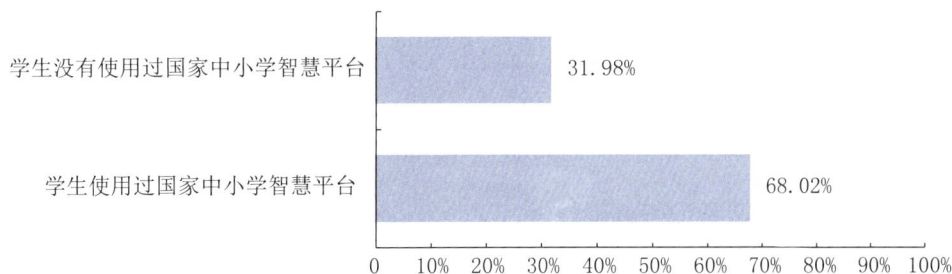

图 2-73 2023 年青岛市基础教育阶段学生使用国家中小学智慧教育平台的情况

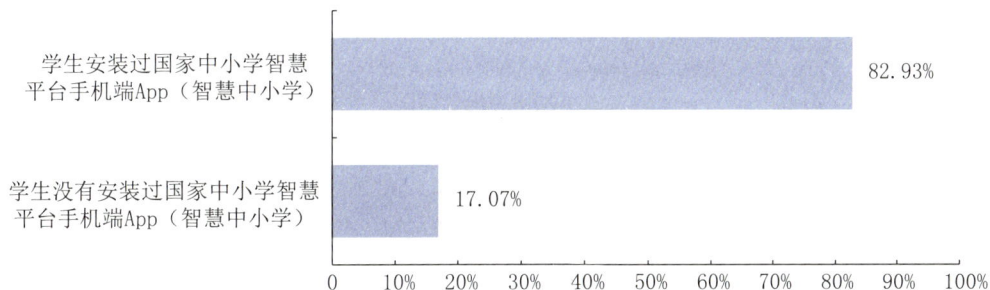

图 2-74 2023 年青岛市基础教育阶段学生安装国家中小学智慧教育平台手机端的情况

图 2-75 表明了 2023 年青岛市基础教育阶段学生使用国家中小学智慧教育平台开展活动的情况。87.80% 的学生利用该平台进行课程学习，68.38% 的学生利用该平台开展自主学习，51.05% 的学生利用平台开展课后活动。

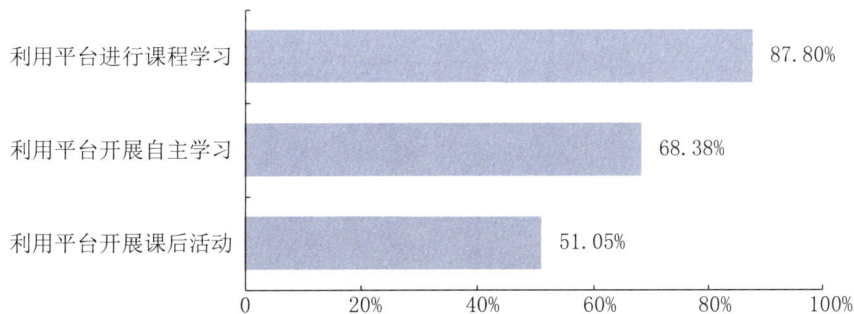

图 2-75 2023 年青岛市基础教育阶段学生使用国家中小学智慧平台开展活动的类型

如图 2-76 所示，在对青岛市基础教育阶段学生利用国家中小学智慧教育平台进行课程学习情况的调查中，有 90.43% 的学生会根据教师分享或指定的平台上的资源进行课程学习；76.03% 的学生会通过师生群聊功能接收作业或活动通知，提交作业或活动成果；63.06% 的学生会利用该平台通过班级群聊功能进行作业或活动成果的汇报分享；63.43% 学生会利用平台答疑功能向教师请教学习中遇到的问题。

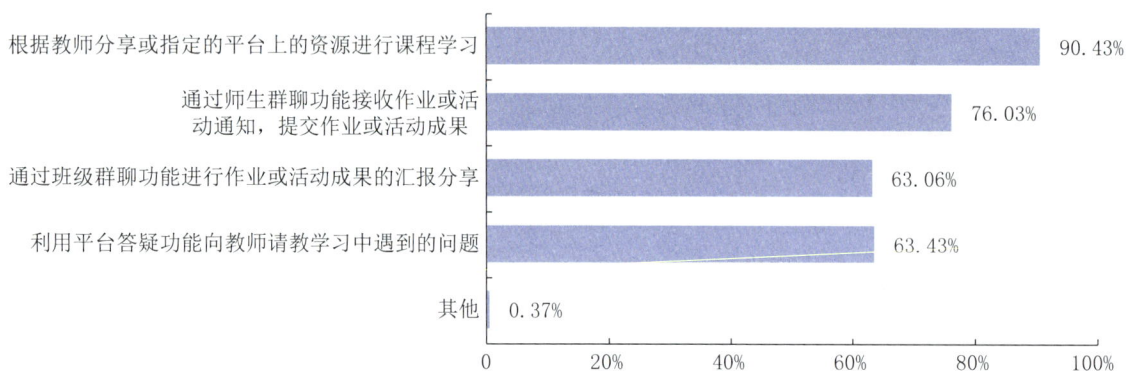

图 2-76　2023 年青岛市基础教育阶段学生利用国家中小学智慧平台进行课程学习的活动类型

如图 2-77 所示，在对青岛市基础教育阶段学生利用国家中小学智慧教育平台进行自主学习的情况调查中，有 88.99% 的学生会利用平台资源（任务单、视频课程等）进行课程的预习、复习和重难点回放学习；86.73% 的学生会利用平台课程资源对自己的学习查漏补缺；75.75% 的学生会利用平台资源实现兴趣拓展学习。

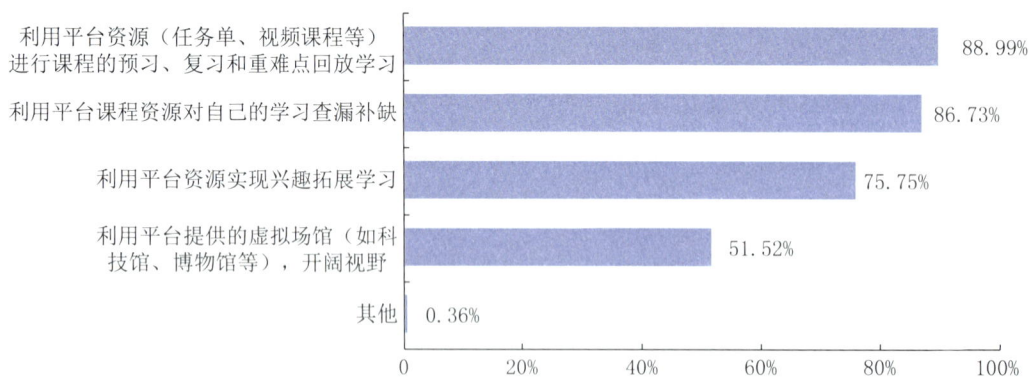

图 2-77　2023 年青岛市基础教育阶段学生利用国家中小学智慧平台进行自主学习的活动类型

如图 2-78 所示，在对青岛市基础教育阶段学生利用国家中小学智慧教育平台进行课后服务的情况调查中，有 79.82% 的学生会利用课后服务板块的资源进行文化艺术类学习（如书法、绘画等）；79.08% 的学生会利用课后服务板块的资源进行体育锻炼类学习（如了解运动项目、体态健康等）；85.38% 的学生会利用课后服务板块的资源进行经典阅读类活动（如阅读经典名著、儿童文学等）；70.47% 的学生会利用课后服务板块的资源进行科学科技类学习（如了解航天知识、参观虚拟科技馆等）。

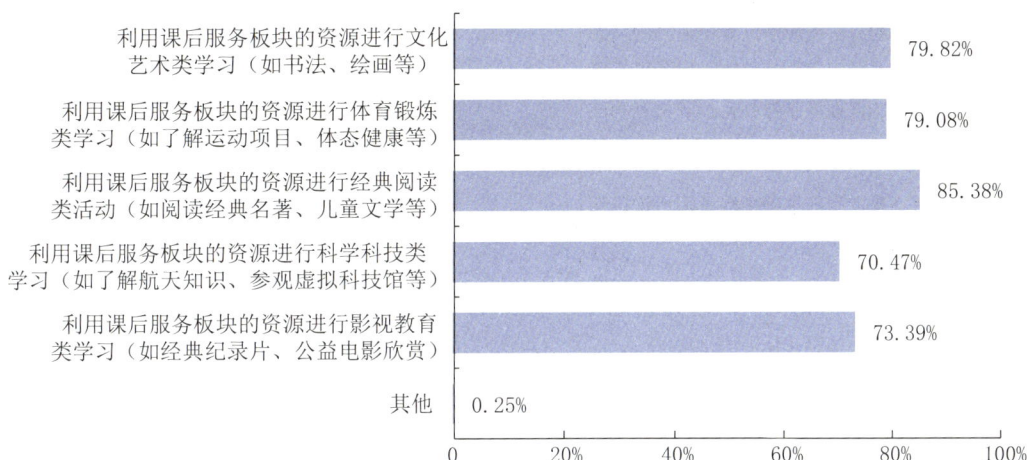

图 2-78　2023 年青岛市基础教育阶段学生利用国家中小学智慧平台进行课后服务的活动类型

如图 2-79 所示，在对青岛市基础教育阶段学生使用国家中小学智慧教育平台的感受的情况调查中，有近九成的学生认为该平台多样的数字化学习资源有助于丰富他们的学习；69.30% 的学生认为该平台有助于增进他们和老师、同学的交流；77.74% 的学生认为该平台有助于他们开展自主学习。

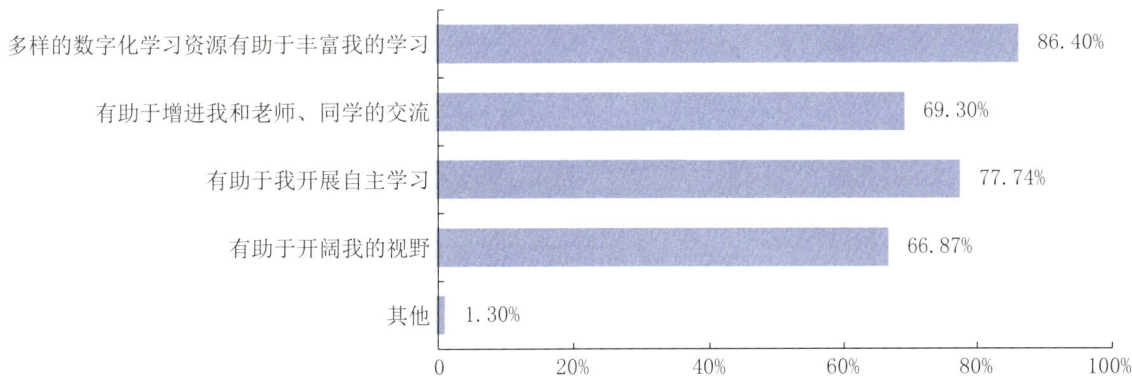

图 2-79　2023 年青岛市基础教育阶段学生使用国家中小学智慧教育平台的感受

如图 2-80 所示，在对青岛市基础教育阶段学生使用国家中小学智慧教育平台过程中遇到的主要问题的调查中，有 37.85% 的学生认为该平台存在教材版本、课程视频不全的问题；有 39.98% 的学生认为该平台资源形式多为视频，呈现形式较为单一；有 38.07% 的学生认为该平台中教师、同学之间交流互动的功能不强；还有 28.93% 的学生认为该平台帮助中心的智能性不强，不能帮助学生解决应用过程中遇到的问题。

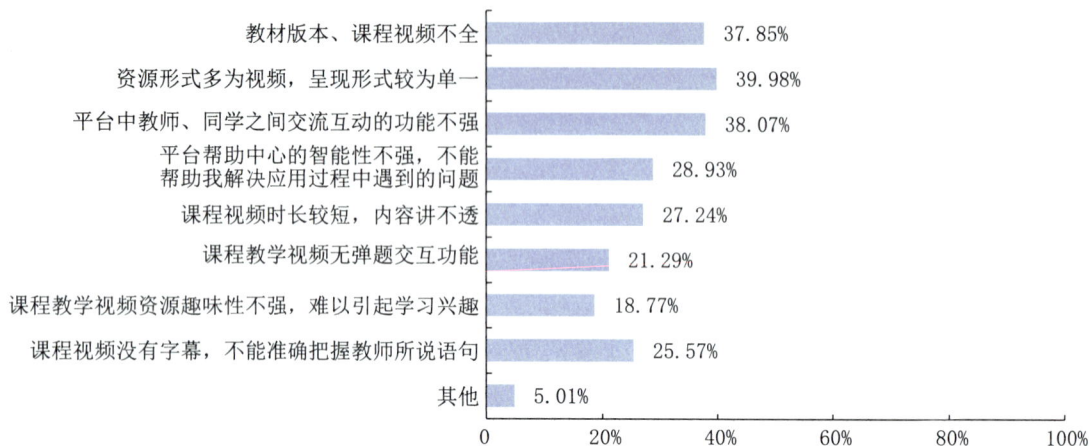

教材版本、课程视频不全   37.85%
资源形式多为视频，呈现形式较为单一   39.98%
平台中教师、同学之间交流互动的功能不强   38.07%
平台帮助中心的智能性不强，不能帮助我解决应用过程中遇到的问题   28.93%
课程视频时长较短，内容讲不透   27.24%
课程教学视频无弹题交互功能   21.29%
课程教学视频资源趣味性不强，难以引起学习兴趣   18.77%
课程视频没有字幕，不能准确把握教师所说语句   25.57%
其他   5.01%

图 2-80   2023 年青岛市基础教育阶段学生使用国家中小学智慧教育平台过程中遇到的主要问题

如图 2-81 所示，在对青岛市基础教育阶段学生希望国家中小学智慧教育平台的改进方向的调查中，有 68.26% 的学生认为应该增加与课程视频配套的习题资源；57.37% 的学生认为该平台应丰富虚拟场馆类资源（如海洋馆、博物馆、天文馆等）；61.09% 的学生认为应增加课程视频学习实时笔记功能。

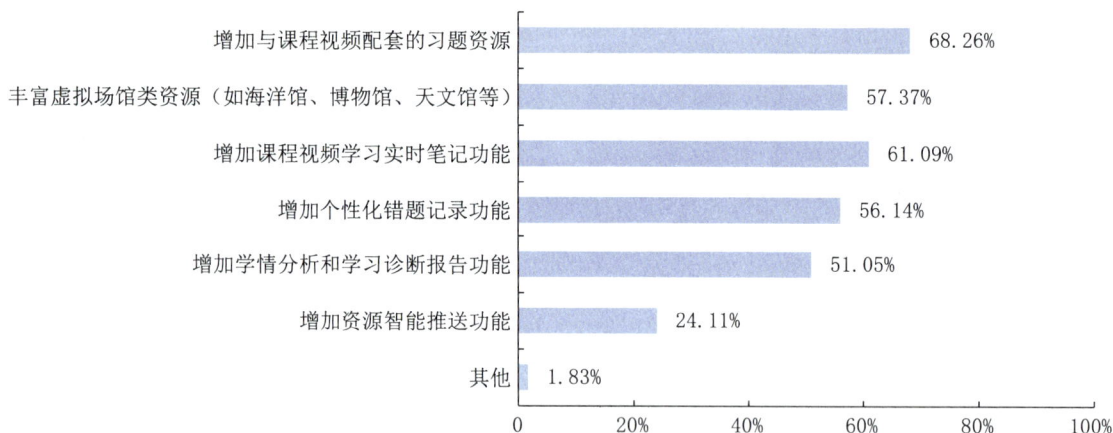

增加与课程视频配套的习题资源   68.26%
丰富虚拟场馆类资源（如海洋馆、博物馆、天文馆等）   57.37%
增加课程视频学习实时笔记功能   61.09%
增加个性化错题记录功能   56.14%
增加学情分析和学习诊断报告功能   51.05%
增加资源智能推送功能   24.11%
其他   1.83%

图 2-81   2023 年青岛市基础教育阶段学生希望国家中小学智慧教育平台的改进方向

2.6.3   管理者应用国家中小学智慧教育平台

图 2-82 和图 2-83，表明了 2023 年青岛市基础教育阶段学校管理者对国家中小学智慧教育平台应用情况及其手机端下载情况。95.80% 的管理者会使用国家中小学智慧教育平台进行教育管理工作，有 94.89% 的管理者在手机上安装了国家中小学智慧教育平台 App。以上数据，足以表明国家中小学智慧教育平台在青岛市教学工作中被使用的广泛程度及重要作用。

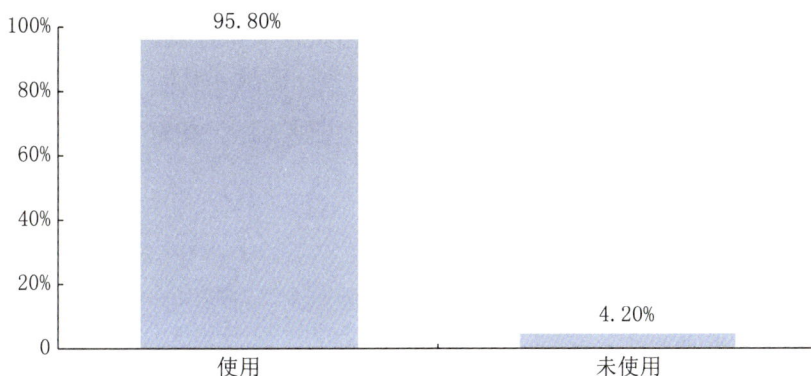

图 2-82　2023 年青岛市基础教育阶段管理者使用国家中小学智慧教育平台的情况

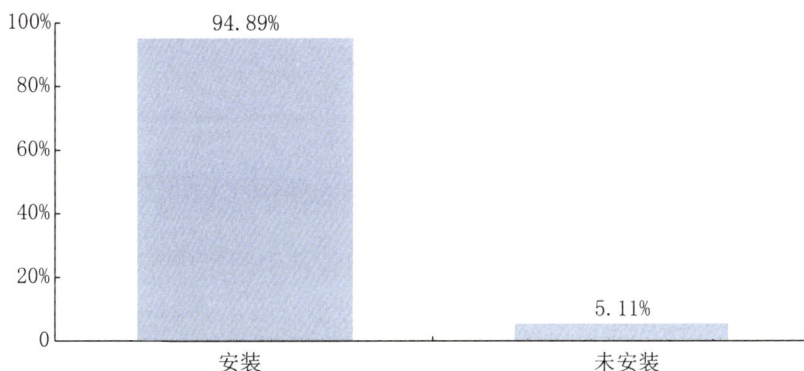

图 2-83　2023 年青岛市基础教育阶段管理者安装国家中小学智慧教育平台手机端的情况

如图 2-84 所示，在对青岛市基础教育阶段管理者使用国家中小学智慧教育平台开展活动的情况调查中，有 79.56% 的管理者会利用平台查看教师在平台上参与研修的情况；71.53% 的管理者会利用平台进行教师认证管理；51.82% 的管理者会利用平台进行学校信息管理；45.99% 的管理者会借鉴其他学校的教改实践经验（如"双减"工作开展、教育信息化发展等）。

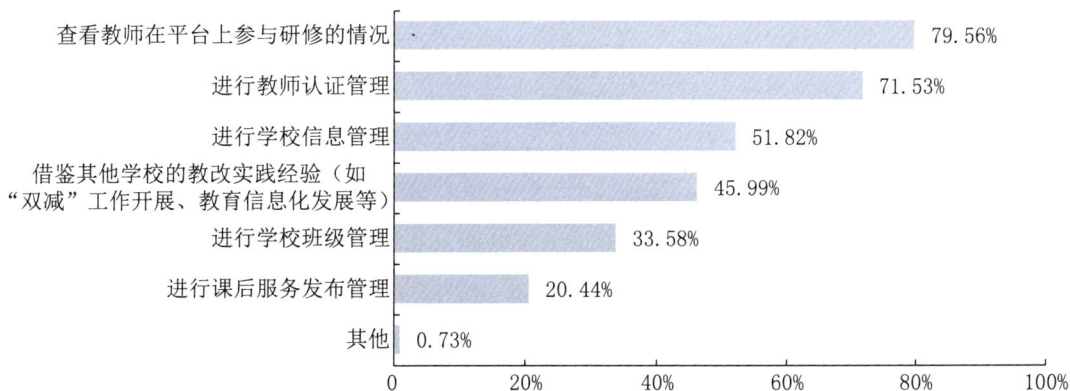

图 2-84　2023 年青岛市基础教育阶段管理者使用国家中小学智慧教育平台开展活动的情况

如图 2-85 所示，在对青岛市基础教育阶段国家中小学智慧教育平台对管理者的帮助情况的调查中，有 78.83% 的管理者会借鉴平台教改经验模块资源，帮助推进学校教改工作；77.37% 的管理者认为该平台有助于他们高效地开展管理工作，提高管理效率；72.99% 的管理者认为平台数据能够帮助他们提高决策的科学性。

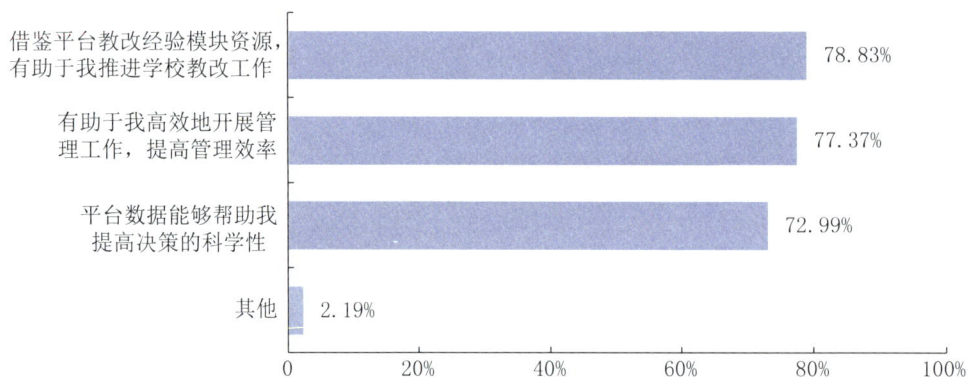

图 2-85　2023 年青岛市基础教育阶段国家中小学智慧教育平台对管理者的帮助情况

如图 2-86 所示，在对青岛市基础教育阶段管理者希望国家中小学智慧教育平台的改进方向的调查中，有 89.78% 的管理者认为该平台应该优化对师生平台应用数据进行分析的功能；79.56% 的管理者认为该平台应该增加学校管理者领导力提升资源。

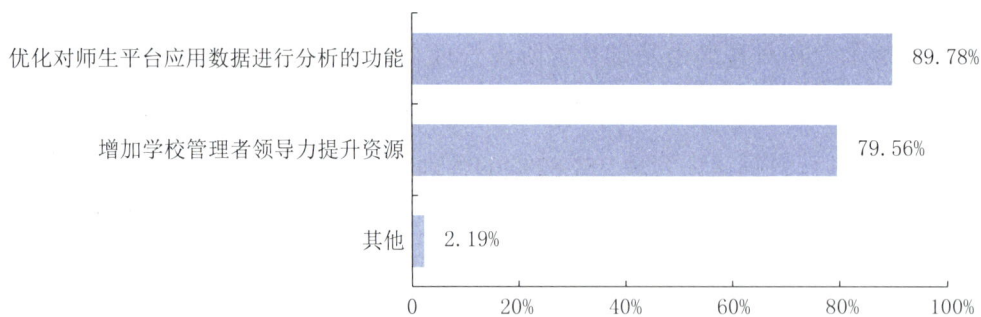

图 2-86　2023 年青岛市基础教育阶段管理者希望国家中小学智慧教育平台的改进方向

2.7　人工智能教育专题

2.7.1　青岛市全域普及推广人工智能教育

青岛的人工智能教育走的是先试点再普及的路径。2020 年 8 月，青岛市教育局印发《青岛市人工智能教育实施意见》，提出全域普及人工智能教育的新目标，并创新"3+2+1"青岛市人工智能教育推进体系。经过持续探索创新和实践，形成了人工智能教育课程全域普及的"青岛方案"。2021年青岛市以人工智能教育为主要特色入选教育部"智慧教育示范区"创建名单。青岛在全国率先实现市域层面人工智能课程全普及，千余所学校的百万名学生均接受人工智能教育。

　　2019年起，青岛在100余所试点学校开设人工智能课程，并在这些学校率先建设人工智能实验室；随后的2020年和2021年，青岛分别在局属普通中学和平度市、莱西市的140所农村学校建设人工智能实验室；2022年，青岛在全市中小学全面普及人工智能课程，并启动"人工智能实验室普及工程"，市级、区（市）两级财政共同投入，其中市级财政为每间人工智能实验室的建设补贴5万元。该工程分3年进行，2022年建成人工智能实验室226间，2023年及2024年还将分别建设220间左右。待这项工程完工，全市累计将建成人工智能实验室900余间，为青岛市人工智能教育实现"普及、拓展、培优"三维目标提供有力支撑。

2.7.2　教师利用人工智能赋能教育教学

　　如图2-87所示，在对青岛市基础教育阶段教师应用人工智能技术的场景的调查中，65.60%的教师认为人工智能技术在校内人员进出校门时应用较为广泛；近五成的教师认为人工智能技术可以支持课堂考勤或活动签到；近三成的教师认为人工智能技术可以支持校园图书借阅；24.30%的教师认为人工智能技术可以赋能作业的批改和考试等测评领域。

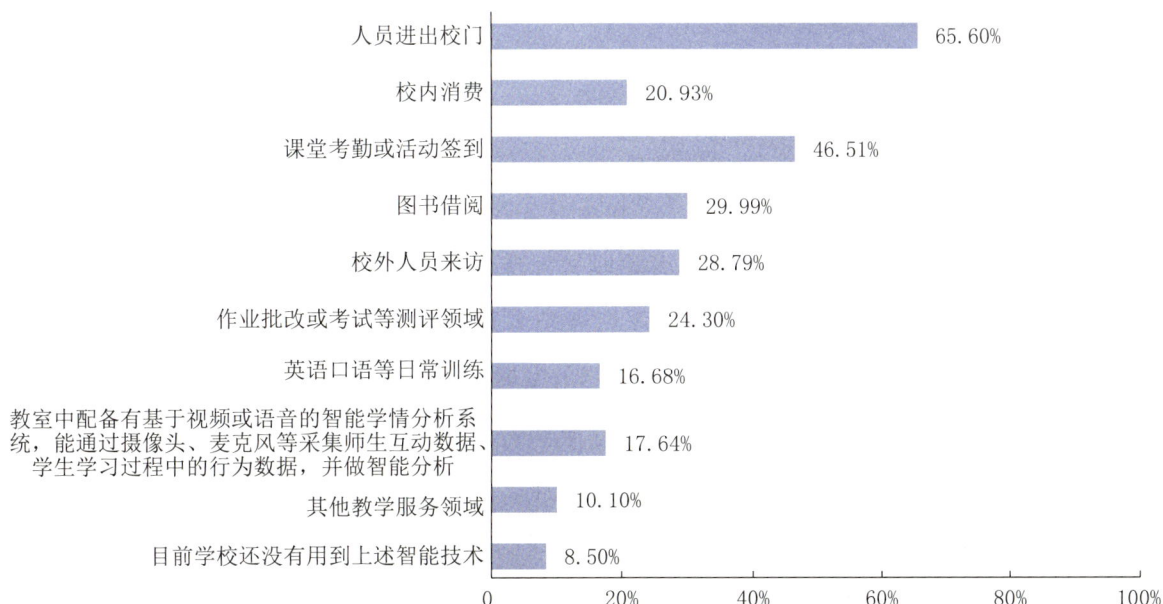

图 2-87　2023 年青岛市基础教育阶段教师应用人工智能技术的场景

　　如图 2-88 所示，在对青岛市基础教育阶段教师认为人工智能技术未来对教学活动的影响程度的调查中，有 54.93% 的教师认为人工智能技术将对教师的研修与发展产生较大的影响，51.64% 的教师认为人工智能技术将对家校协同工作产生较大的影响；近三成的教师认为人工智能技术将对于学生的自主学习产生革命性的影响；约五成的教师认为人工智能技术将对自主学习产生较大影响。由此数据可见，人工智能技术将对学校的教育教学工作产生极大的影响。

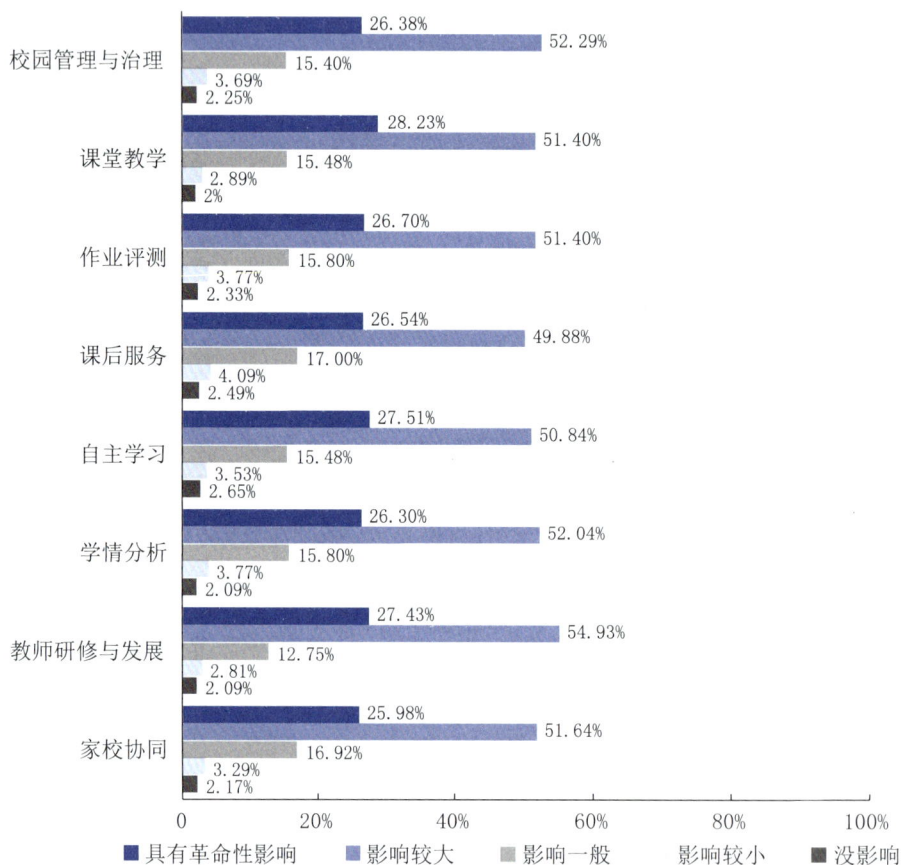

图 2-88　2023 年青岛市基础教育阶段教师认为人工智能技术未来对教学活动的影响程度

　　如图 2-89 所示，在对青岛市基础教育阶段教师认为人工智能技术现在对教育发展实际成效的感受的调查中，近三成的教师认为人工智能技术在校园管理与治理、课堂教学、作业评测、课后服务、自主学习、学情分析、教师研修与发展、家校协同方面产生了极好的成效，约五成的教师认为人工智能技术在这些方面产生了比较好的成效。

　　如图 2-90 所示，在对青岛市基础教育阶段教师认为影响人工智能教育应用成效的主要因素的调查中，有超过七成的教师认为人工智能教育平台功能的适切性与易用性是影响人工智能应用成效的重要因素；分别有 55.09% 和 54.37% 的教师认为教育政策要求和智能应用平台的功能聚合程度（或一体化程度）影响了人工智能的应用成效。

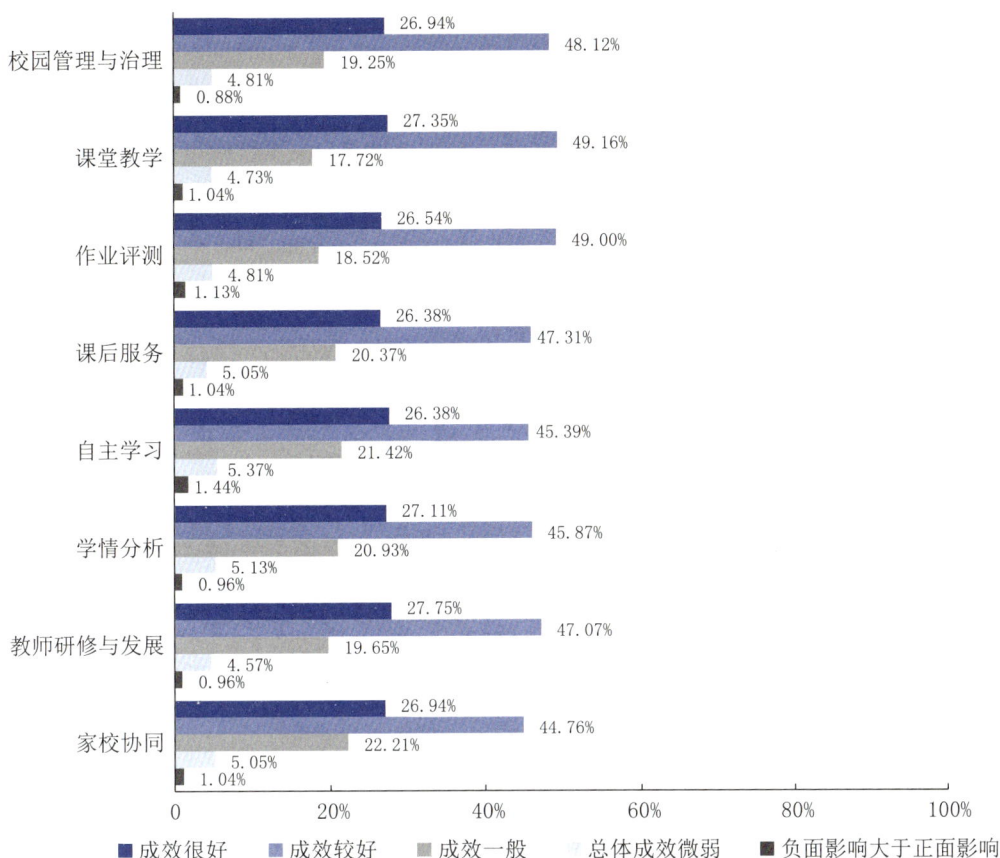

校园管理与治理
26.94%
48.12%
19.25%
4.81%
0.88%

课堂教学
27.35%
49.16%
17.72%
4.73%
1.04%

作业评测
26.54%
49.00%
18.52%
4.81%
1.13%

课后服务
26.38%
47.31%
20.37%
5.05%
1.04%

自主学习
26.38%
45.39%
21.42%
5.37%
1.44%

学情分析
27.11%
45.87%
20.93%
5.13%
0.96%

教师研修与发展
27.75%
47.07%
19.65%
4.57%
0.96%

家校协同
26.94%
44.76%
22.21%
5.05%
1.04%

■ 成效很好　■ 成效较好　■ 成效一般　■ 总体成效微弱　■ 负面影响大于正面影响

图 2-89　2023 年青岛市基础教育阶段教师认为人工智能教育技术现在对教育发展的
实际成效的感受

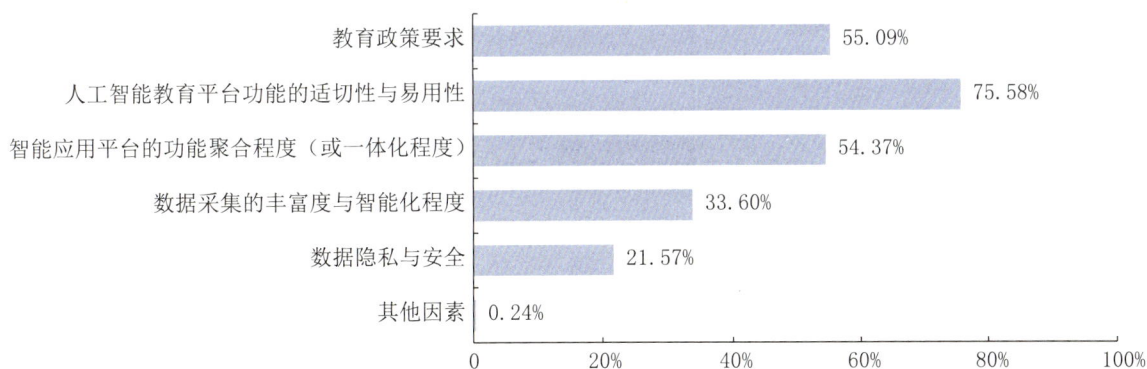

教育政策要求　55.09%
人工智能教育平台功能的适切性与易用性　75.58%
智能应用平台的功能聚合程度（或一体化程度）　54.37%
数据采集的丰富度与智能化程度　33.60%
数据隐私与安全　21.57%
其他因素　0.24%

图 2-90　2023 年青岛市基础教育阶段教师认为影响人工智能教育应用成效的主要因素

　　如图 2-91 所示，在对青岛市基础教育阶段教师最希望人工智能支持自己开展工作的类型的情况调查中，有近七成的教师希望人工智能技术可以辅助自己开展课堂教学；超过五成的教师希望人工智能技术可以赋能学生管理工作；有 29.59% 的教师希望人工智能技术可以辅助日常的作业与评测工作。

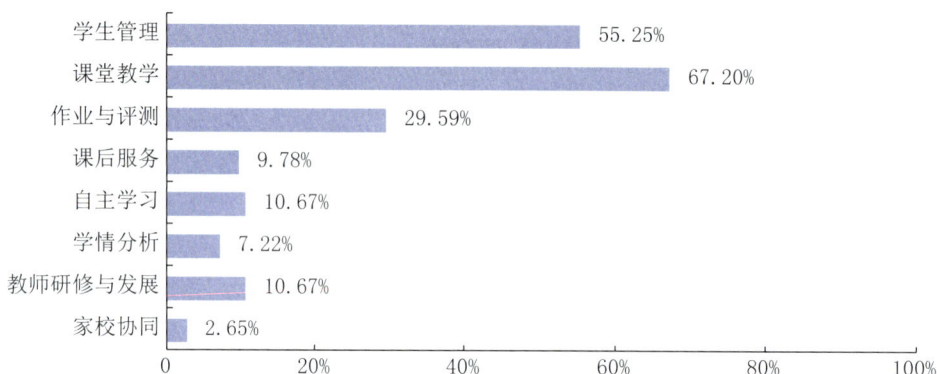

图 2-91　2023 年青岛市基础教育阶段教师最希望人工智能支持自己开展工作的类型

如图 2-92 所示，在对青岛市基础教育阶段教师对人工智能助力教育发展的态度的调查中，有 45.55% 的教师对人工智能发展对教育已经产生了的重要影响持比较同意的态度；有近五成的教师认为在育人方面，人工智能能起到很好的辅助支撑作用，但代替不了教师；在面对人工智能技术对教师作用的冲击下，合计有约八成的教师"非常同意"或"比较同意"教育需要积极拥抱人工智能技术，努力改变传统的育人方式这一观点。

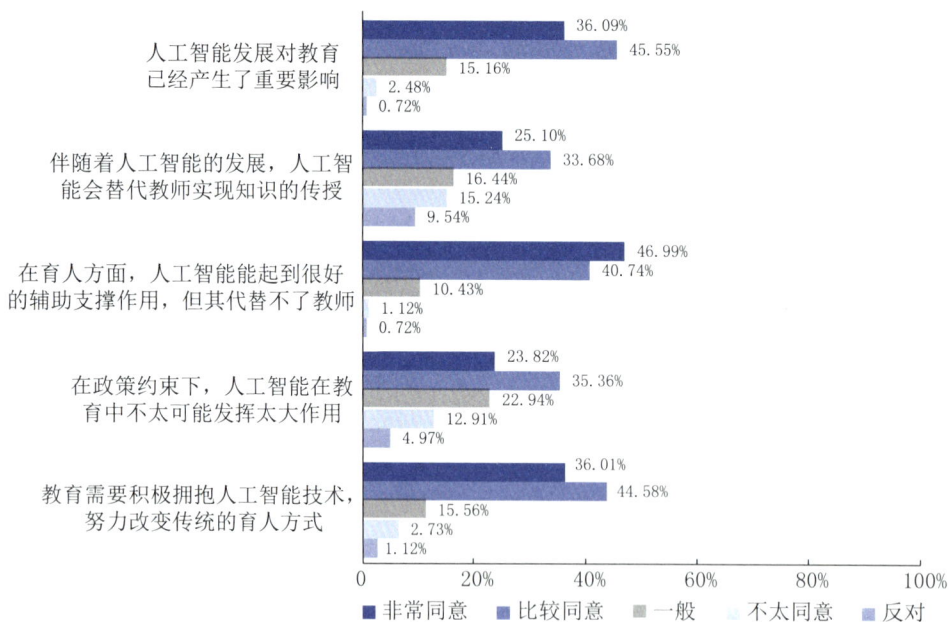

图 2-92　2023 年青岛市基础教育阶段教师对人工智能助力教育发展的态度

如图 2-93 所示，在对青岛市基础教育阶段教师听说过或研读过的人工智能课程标准的调查中，有 91.59% 的教师研读过教育部印发的《义务教育阶段信息科技课程标准（2022 年版）》；44.25% 的教师研读过教育部下发的《普通高中信息技术课程标准（2017 年版 2020 年修订）》以及中国教育学会发布的《中小学人工智能课程开发标准（试行）》。

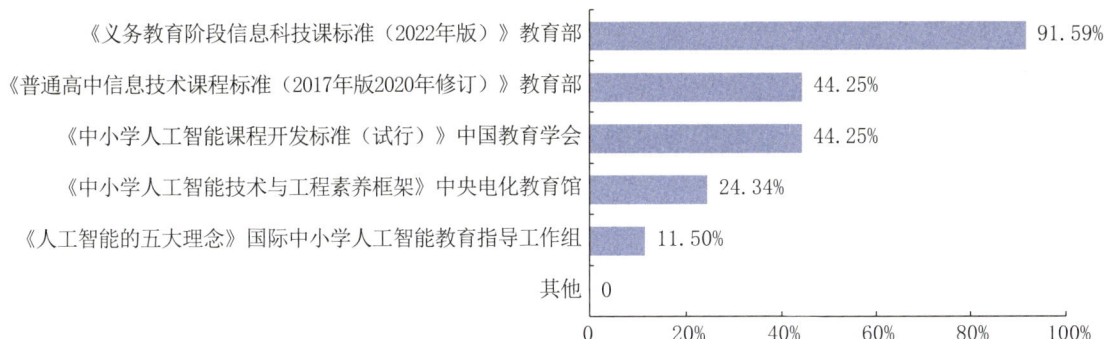

图 2-93 2023 年青岛市基础教育阶段教师听说过或研读过的人工智能课程标准的情况

如图 2-94 和图 2-95 所示，在对青岛市基础教育阶段人工智能课程开设情况的调查中，分别有 61.95% 和 49.39% 的教师和学生表示人工智能课以必修课程形式开设；有 53.54% 的教师和 35.56% 的学生表示人工智能课程以选修课程开设。这充分证明，青岛市在人工智能教育方面的全域推进，已经被广大教师和学生高度认同。

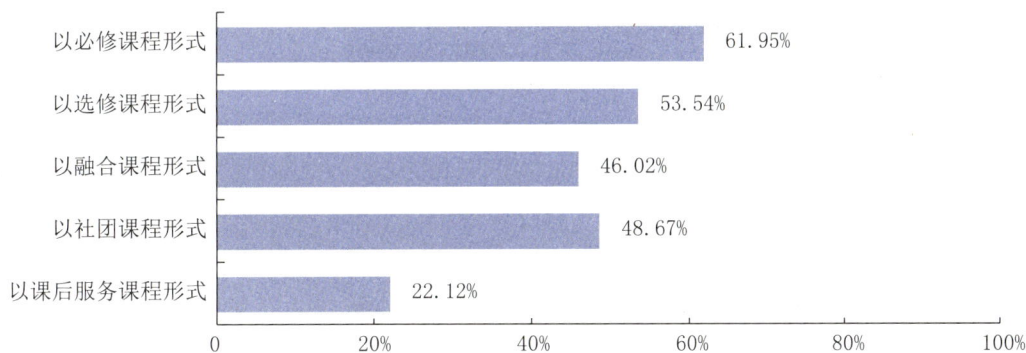

图 2-94 2023 年青岛市基础教育阶段教师视角下人工智能课程开设的情况

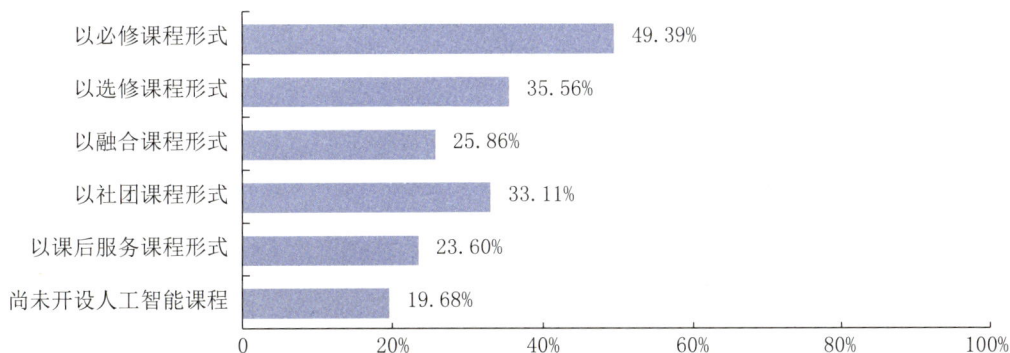

图 2-95 2023 年青岛市基础教育阶段学生视角下人工智能课程开设的情况

如图 2-96 所示，在对青岛市基础教育阶段教师参加的帮助进行人工智能课程设计的活动类型的调查中，有 85.84% 的教师更加倾向于参加人工智能教育专家的讲座，获得更为具体的

教育教学建议（非常同意 44.25%，比较同意 41.59%）；有 91.60% 的教师更加倾向于观摩本地
教研活动中的现场研究课（非常同意 47.79%，比较同意 43.81%）；89.83% 的教师更加倾向于
参加线上观摩课，学习全国一线教师的课例（非常同意 47.79%，比较同意 42.04%）。

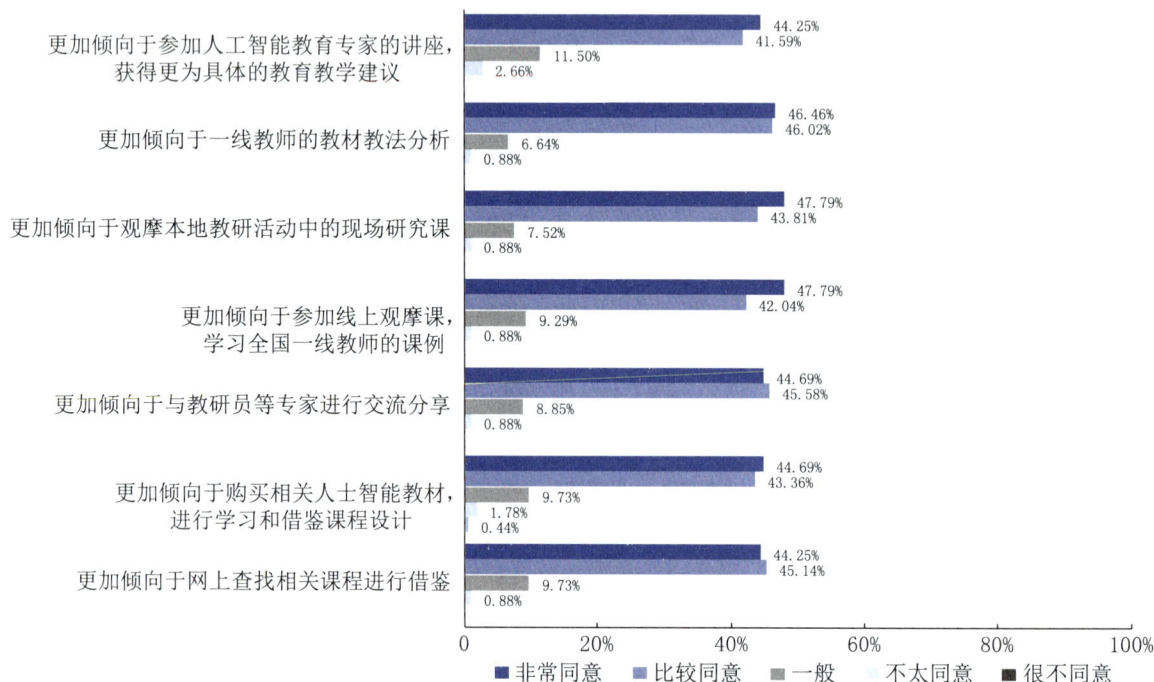

图 2-96　2023 年青岛市基础教育阶段教师参加的帮助进行人工智能课程设计的活动类型

如图 2-97 所示，在对青岛市基础教育阶段教师认为在推进人工智能教育中教师应做的重
要工作类型的调查中，有超过八成的教师认为应加强自主研修，提升自己对人工智能本真内容
的认知程度；61.95% 的教师认为应拓展实施人工智能教育的课时空间；57.52% 的教师认为自己
可以通过开展人工智能校本教材设计推进人工智能课程的发展。教师在提升人工智能素养方面
有较高的认知度和主动性。

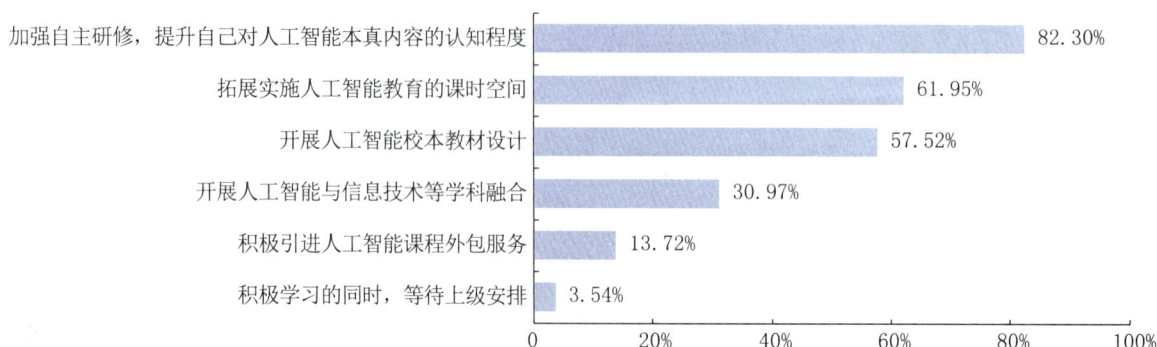

图 2-97　2023 年青岛市基础教育阶段教师认为在推进人工智能教育中教师应做的重要工作类型

2.7.3　学生接受人工智能教育和参与相关竞赛

在 2022 年 5 月举行的世界机器人大赛总决赛九宫智能挑战赛普及赛项目中，青岛市中小学多支队伍参赛并取得优异成绩——山东省青岛第一中学、山东省青岛第九中学、青岛西海岸新区第一高级中学的参赛学生包揽全国冠军、亚军、季军。如图 2-98 和图 2-99 所示，在对青岛市基础教育阶段学生参与人工智能相关的竞赛（比赛 / 交流展示活动）的调查中，有 87.17%的教师和 61.21% 的学生所在的学校曾组织过学生参加人工智能相关竞赛。

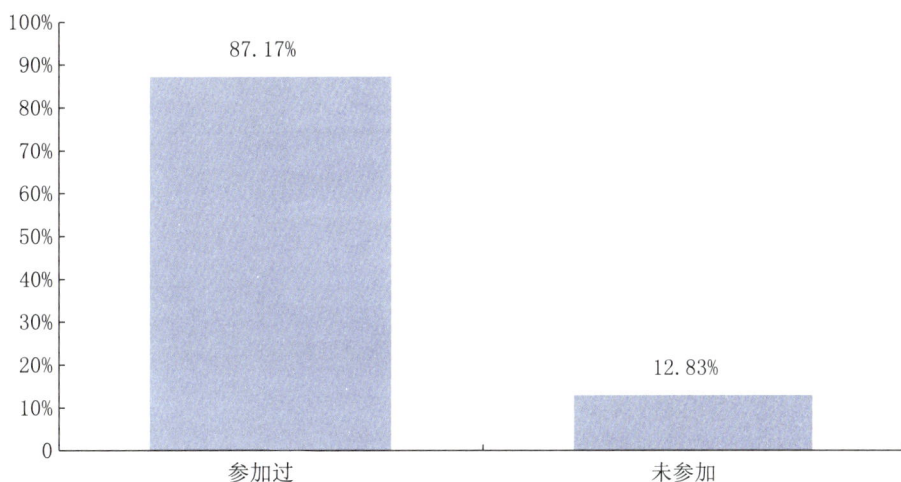

图 2-98　2023 年青岛市基础教育阶段教师视角下学生参与
人工智能相关的竞赛（比赛 / 交流展示活动）情况

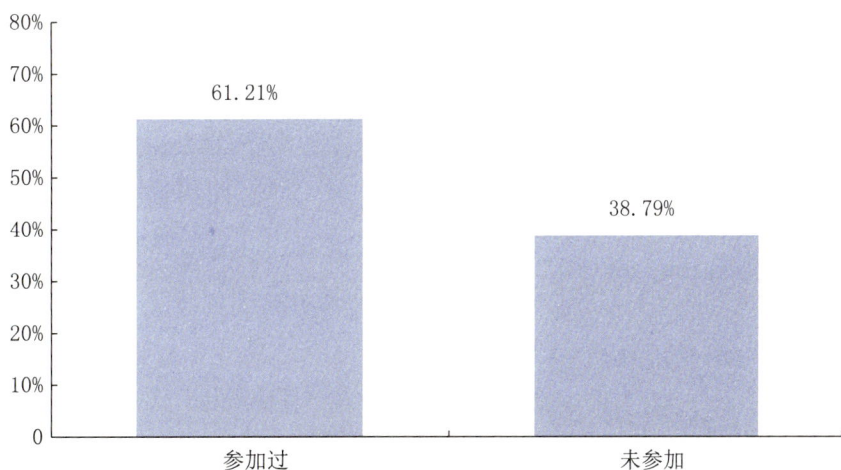

图 2-99　2023 年青岛市基础教育阶段学生视角下学生参与
人工智能相关的竞赛（比赛 / 交流展示活动）情况

如图 2-100 和图 2-101 所示，在对青岛市基础教育阶段学生参与的人工智能相关的竞赛（比赛 / 交流展示活动）活动主办方的情况的调查中，大部分教师和学生认为教育系统部门

（教委、科协、青少年活动中心等）举办的相关的人工智能竞赛较为丰富，非营利组织（教育学会、教育技术学会、人工智能学会等）主办的相关竞赛丰富程度仅次于教育系统部门。

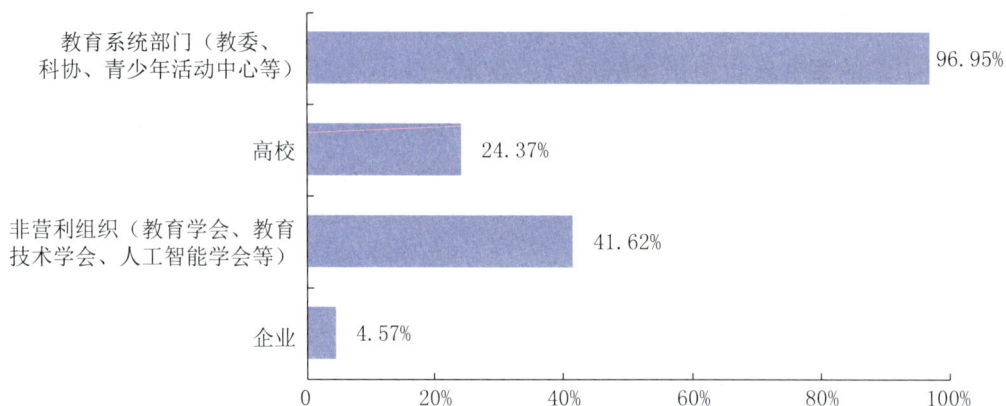

图 2-100　2023 年青岛市基础教育阶段教师视角下学生参与的
人工智能相关的竞赛（比赛 / 交流展示活动）活动主办方的情况

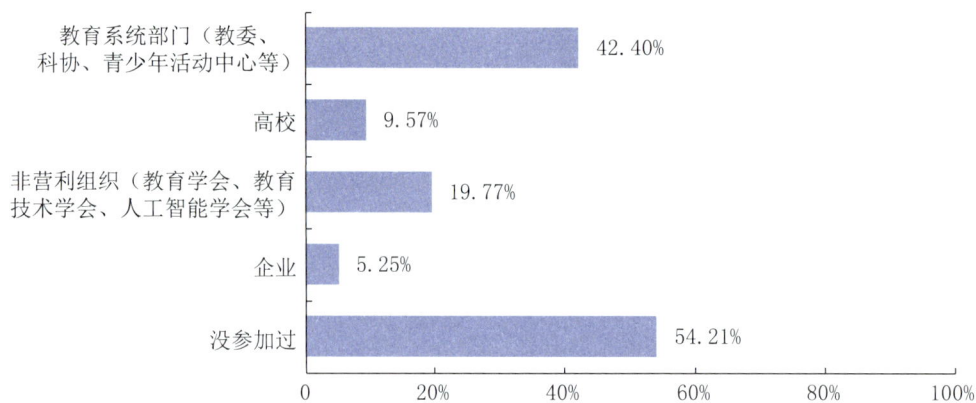

图 2-101　2023 年青岛市基础教育阶段学生视角下学生参与的
人工智能相关的竞赛（比赛 / 交流展示活动）活动主办方的情况

第三章

CHAPTER 3
互联网学习的典型案例

3.1 市南区加速推进数字化转型，培育智慧教育新样态

青岛市市南区认真贯彻落实教育部教育数字化战略行动要求，应用智能技术加速推进技术与课堂深度融合，市南区教体局以第一名的成绩入选山东省智慧教育示范区建设单位，《市南区"智优市南"智慧教育新生态》案例获第一届中国新型智慧城市创新应用大赛一等奖。在对标国家智慧教育示范区创建与应用成效的基础上，结合市南教育的迫切需求，建议加速推进教育数字化转型，培育智慧教育新样态。

3.1.1 基本情况

市南区教育数字化工作历经三个阶段：一是以教育信息化 1.0 行动为代表的"数字化转换"阶段；二是以教育信息化 2.0 行动为代表的"数字化升级"阶段；三是以智慧教育为代表的"数字化转型"阶段。

通过落实 100% 学校万兆网络全覆盖、100% 学校开展人工智能学科教学等 8 个 "100%"，市南区实现教育数字化转换和升级的阶段性突破。在省级智慧教育示范区创建过程中，聚焦 "一体系、两提升、三集群"建设目标，全力打造"智优市南"智慧教育特色品牌，以"智优"助推"最优"，促进区域教育高质量发展。

3.1.1.1 全域优服务，实施智慧数据与网络安全强基工程

按照青岛市新一代智慧校园标准，完成金门路小学、宁德路小学、澳门路小学和镇江路小学的智慧校园建设，配备智慧大屏、平板电脑、课堂行为分析等先进软硬件。实施教育城域网升级，将全区互联网带宽由 2G 提升至 4G，幼儿园带宽由百兆提升至千兆。部署新一代网络安全设备，承办青岛市网络安全进校园活动，提升师生网络安全素养。

3.1.1.2 应用优场景，聚力教与学模式智慧变革攻坚工程

开展"悦动智慧课堂"研究，探索智慧黑板 + 学生终端、AI 智能学伴、课堂即时反馈系统等应用场景，形成《基于云平台的初中"DDB"教学模式》等 14 项有创新价值和示范意义的"悦动智慧课堂"教学法与教学模式。

在线上教学期间，制定全国首份《直播教学技术应用指导规范》，对直播教学的概念、特性、功能进行清晰界定，提出直播教学 11 项技术标准，打造"轻负高效"的直播课堂，学生主动学习参与率提升约 50%。

开创"启点云课堂"名师直播课，聚焦新课标的落实，开展主题式、跨学科、大单元教学

实践，通过"实时直播＋强互动"的模式为学生提供个性化学习空间。共直播 68 期、覆盖全区 60% 学生，形成混合式学习新样态。

3.1.1.3 学生优成长，开展数据驱动下学生发展评价工程

建成"青少年健康促进大数据平台"，汇聚全区学生体检、体质监测、验光检测等 45 万余条数据，覆盖 4 万余名学生，推送"运动处方"精准提升学生健康水平。

开展数据驱动下综合素质评价研究，伴随式采集学生成长数据，描绘学生数字画像，助力"一生一策"。借助省教师网建设"市南名师工作坊"平台，将过程管理与数据采集融为一体，支撑教师专业发展。构建全环境立德树人综合服务平台，推动家校社协同育人。

3.1.1.4 教师优发展，探索信息素养与创新意识提升工程

借助山东省教师网建设"市南名师工作坊"平台，实现过程性管理与伴随性数据采集融为一体。制订教师信息技术能力提升综合方案，组建区校两级指导团队，全区近四千名教师 100% 通过能力认证，区工作案例被推荐至教育部展评。

有效提升现有设备和平台的使用成效，提炼智慧大屏的 12 个基础功能点和 10 个融合功能点，开展多轮培训和考评，构建起"研技术、写技术、用技术、评技术"的全链条教学模式，大大提高了教师常态化技术应用水平。

3.1.1.5 资源优汇聚，打造未来学习空间与资源创建工程

建设区青少年海洋地质实验室，融合标本、VR 等方式，集科学性、趣味性和互动性为一体。与国家海洋实验室联合搭建"海洋科普移动课堂"，构建"海洋生命虚拟可视系统""海洋 VR 互动实验系统"等模块，突破时空限制，让学生感受最先进的数字海洋科学。

建成 12 间 3.0 标准的人工智能实验室，增设两名人工智能教研员，开展"创意工坊"系列研修，提升教师执教力。举办人工智能支点论坛，展示人工智能示范课，推广人工智能教学模式。创建 3 所市级人工智能示范校，组建结对发展微集团，开展集团内科技节、学生竞赛等活动，区域师生数字素养日渐提升。

3.1.1.6 学校优治理，创新现代教育治理能力可视化工程

依托"一屏治市南"工程，完成跨业务数据共享和数据全要素分析，通过 18 项监测指标、34 个监测点和 8.1 万条数据，为市南区教育现代化治理提供数据依据，将教育关键数据融入市南区云脑态势感知平台之中，探索数字孪生技术支撑下的治理方式变革。

依托市南区"智能教育平台"，实现学生线上批阅痕迹查阅功能，建立增值性评价图谱，年均生成分析报告近 7 千份、报表 15 万份，实现学业质量检测数字化转型。

智慧教育建设和应用的重要目标是打造一批智慧教育示范场景，形成高质量、可复制、可推广的教育数字化转型经验案例。基于这样的目标，市南区每年都开展智慧教育示范场景的评

选活动，全区中小学和幼儿园共打造 70 余项示范场景，涵盖教、学、管、评、测等多个应用场景，充分展现市南区智慧教育的应用实效。

市南区将人工智能教育列为区办实事，局域统筹推进人工智能教育的区本化、特色化实施，投入 240 万元，为 12 间学校配建人工智能实验室，实验室内建设有模块化机器人、智能机械臂等高标准智能化的教学设备，实现"普及＋培优＋扩展"的分层式渐进式教学。此外，为进一步提升人工智能课程开设质量，由市南区教育研究中心牵头，从课程与教学角度，成立由 6 位教研员组成的研究团队，从课堂教学、教师培训、学生竞赛等多个维度，多措并举，推进实验室应用。

在课堂教学方面，成立人工智能主题大单元教学研究团队，根据《义务教育信息科技课程标准》，依托信息科技课程，采用大单元教学方式，明确初小各学段各年级人工智能教学研究的课时及内容，举办人工智能教育支点论坛，通过发布优秀教学法和教学模式、教师展示公开课、圆桌论坛、专家点评等环节，树立人工智能教育典型范式，推广人工智能示范课，提升人工智能课程研究力。组建区域人工智能教师研修工作坊，运用"具身认知"理论，将实验室设备使用培训融入项目式课堂教学，让教师在培训中学会如何教，提升人工智能课程执教力；组织各级人工智能类学生白名单竞赛，通过社团辅导、课后服务等方式，优中选优，发挥培优拓展优势，组建各级人工智能竞赛团队，以赛促用，提升学生智能时代创新力。

通过一系列举措，市南区人工智能教育已初步形成 4 个 100% 的常态应用态势：100% 开展设备校本培训，确保教师熟练掌握；100% 纳入学校集备教研活动，提升设备应用质量；100% 开设基于实验室设备的人工智能社团课，发挥设备培优作用；100% 开展自主探索，推进实验室常态化应用，普及人工智能教育。

青岛市实验小学充分发挥评价的教育、激励、诊断、改进和促进发展的功能，利用信息技术手段构建"小桦叶大成长"个性化评价平台，为学生个性化成长赋能，为教师评价素养提升提供了实践的平台，推动了"双减"政策切实落地。

一是评价过程动态化。以"小桦叶积赞卡"的形式，将评价以实时、可感的方式嵌入教育教学、校园生活、家校共育的过程中。当学生通过努力得到一张积赞卡后，由家长用手机扫描二维码，为学生积攒进步的"小水滴"，和学生一起呵护"小桦树"舒枝展叶，让家长和学生共同感受成长和进步的快乐。

二是评价指标具体化。通过信息化平台让指标落地、落实。如在"品格优"这一核心点中，班主任们经过讨论，为一年级上学期的学生制定了"友善小桦叶"和"责任小桦叶"的评价标准，利用平台让标准易于教师观察，适切学生年龄特点，得到学生、家长、教师的认可。

三是评价活动个性化。在"潜力大"板块中为学生设立个性化成长展示的平台，以此深化学生对自我发展的认知，唤醒同伴激励、自我成长的动力。

四是评价主体多元化。学校在评价平台功能设计时为家长赋权，请家长结合在家庭中对学生学习习惯、坚持健体、自我服务与家庭服务等方面的观察为学生的"小榉树"增加一定数量的小水滴，让家校共育有了评价的抓手。

五是评价指导定制化。学校以多年来"全景式"评价的经验为依托，将阶段学科素养评价的结果可视化、个性化，为学生绘制课程学习数字画像。学期末，每个学生拿到的不再仅仅是一张试卷，一个等级评价，而是由学校精心设计并通过平台点对点推送的个性化学习发展报告，形成每个学生各不相同的学业指导报告，为学生今后的学习规划个性化发展的路径，这一举措也受到了家长的高度评价。

3.1.2 取得成效

市南区教育数字化转型的成效获得多部门的充分肯定。2021 年《市南区"智优市南"智慧教育新生态》案例获第一届中国新型智慧城市创新应用大赛一等奖。2022 年 11 月，市南区应邀在全省召开的"元宇宙与教育变革研讨会"上做主旨报告。2022 年《直播教学技术应用指导规范》案例获评山东省"双减"典型案例。2023 年市南区在全省教育信息化指导活动中做典型发言，并作为区域代表参加青岛市国家级智慧教育示范区中期评估。全区师生在信息类竞赛中荣获国家级奖项 82 个、省级奖项 58 个、市级奖项 115 个。11 所学校分获信息学奥赛"金牌学校"和"优秀学校"。在 2023 年教育部"全国智慧教育优秀案例征集活动"中，市南区有 1 项区域案例和 5 项学校案例获评"全国智慧教育优秀案例"，获奖数量名列全省第一。

《青岛日报》3 次专题报道市南区在课程教学、学科考试中深入应用人工智能、大数据等技术所取得的显著成效。青岛电视台"今日"栏目以头条方式报道《直播教学技术应用指导规范》提升学生线上学习效果的经验。青岛市南区构建了区（县）域性推进的优质资源众筹机制。形成"小切口，缓坡度，先试点，后推广"的信息化推进策略。每个项目分别设立实验校，组建研究同盟体，保证项目研究相对独立又能相互交流学习。鼓励学校和老师在研究中先试先行，自主原创，形成多样化的数字化创新应用典型案例，通过交流、研讨、展示等方式推动全区工作，实现智慧共享。青岛市市南区优化了教学环境并拓宽教学资源的应用途径。突出数字资源"易学、易选、易用、易评"的特性，形成"为用而建、以建促用、用中提建"的良性循环模式，促进更深度的资源共享和广域的教学情境交互。青岛市市南区的数字化转型实践奠定了学生面向未来学习与生活的方式。让学生学会选择适合自身学习的资源，帮助每个学生成为最好的自己，把每个学生的个性、特长、优势充分挖掘出来。

3.2 胶州市振华中学建立起较为完善的信息化教学支撑体系

3.2.1 学校概况

胶州市振华中学位于胶州市兰州西路 358 号，现有教职工 230 余人，教学班 62 个，学生 3 000 余名。学校占地 70 亩，建筑面积 38 000 平方米。学校各种专用室齐全，教学设施齐备，是一所符合山东省规范化学校要求的现代化学校。

学校以"办好人民满意的教育"为宗旨，逐步形成了科学、规范、和谐的管理方式和"文明向上，严谨治学，勤奋好学"的校风、教风和学风，教育教学质量一直处于省、市领先地位。

学校坚持以"统筹规划、分步实施、注重实效、融合创新"为原则，以管理体制、机制和队伍建设为保障，以学校网络及信息化基础设施建设为基础，以资源、信息交换和应用软件建设为重点，建立了较为完善的信息化教学支撑体系。

3.2.2 组织建设

学校建立了"行政与技术两条线管理"的共管机制。行政方面：从基础设施、支持服务两个方面制定完善管理办法。技术方面：从资源建设、教学应用、用户行为三个方面实现从网络平台到信息资源再到用户的全程监管。

3.2.2.1 基础建设

学校教师每人配备一台电脑，部分教师是四核、4G 内存，学校购置了专用产品，教师开机自动登录接收学校下发的文件与通知，实现了人人通。

学校多方筹集资金，科学规划，进行现代化技术装备班班通。学校现有 72 个教学班，均配备交互式多媒体教学一体机。学校有一间智慧教室、两间多媒体教室、一个可以容纳 400 多人的多功能报告厅、一间科技教室、一间录播教室、一间机器人创新实验室。五间微机室安装了网络教学系统，能满足常规信息技术教学及电子阅览室的所需功能。

学校提供专项资金，用于学校信息化改造和完善学校现有信息技术设备和资源，已建成的千兆校园网，实现了校园网与互联网联通。整个校园网络共有 300 多个信息点，其中 78 个信息点进入教室。部署网络广播，建立一个网络中心，配置三台华为服务器、一台浪潮服务器、一台路由器和一台交换机。网络强大的信息量、开放性、交互性已经使其成为师生开展教学、进行交流的平台和工具。

学校建成高质量且受师生欢迎的主页。网页布局合理，内容更新及时，通过网络进行校内通知、新闻发布、信息交流，实现网络化管理，为全面实施素质教育提供了最优化环境。

学校教师积极参与"一师一优课""名师课堂"的比赛，使用录播教室录制课程，教师自己编辑剪辑，通过比赛有效促进了电子书包的应用水平。

3.2.2.2　软件、资源、图书系统购置

学校结合自身实际，积极购置有针对性、实用性的软件，购置了数字校园系统、教育软件资源库、素材库、试题库等，极大地丰富了学校信息化软件装备。

自主研发资源，学校鼓励引导教师搜集、整理、开发和制作教学课件和素材。学校在全市率先借助网络互动教学平台，开展网络互动课堂教学，实现了远程资源、网络资源和自备资源的全面共享，为实现不同区域学生共享名师课堂和优质教学资源提供宝贵的教学实践经验。

3.2.3　机制建设

教育的起点和归宿是人，教育的动力和核心也是人，教育的成功和失败还是取决于人。作为一所现代化学校要提高办学水平，要推进学校持续发展，就必须把教师队伍的信息化水平摆在优先发展的战略地位，实现用现代信息化支撑学校发展的办学策略。一支适应教育信息化需求的师资队伍，是推进教育信息化的关键，其应用水平是检验学校信息化工作的主要标准。学校通过建立"两机制"，促进信息化建设师资队伍的提升。

3.2.3.1　建立全员培养长效机制

长期以来，学校积极引导教师采取灵活多样的方式学习现代教育技术的知识与技能、培养现代教育意识，注重交流与协作，促进教师专业发展。学校制订详尽的培训计划，本着"普及兼顾提高，应用兼顾开发"的原则，通过外出学习、周前会讲座等形式，组织教师进行信息技术应用方面的培训，从早期的办公软件、多媒体课件制作、网页设计等，到微课设计制作、电子书包及其资源平台应用，从多媒体辅助教学，到翻转课堂、混合学习，使教师的教育理念不断提升更新、教育技术应用水平有了很大的提高，为学校信息化建设和应用实践打下了良好基础。

3.2.3.2　建立优化课堂教学长效机制

优化课堂教学是实施教育信息化建设的目标。学校不断加强信息技术与学科的整合，提高课堂教学的质量。

（1）紧密结合新课程改革，积极开展教育科研，鼓励支持开展网络环境下的教学，充分运用教育教学资源中心的资源，在教学实践中积极探索，实施技术和课堂的整合。

（2）深入课堂，结合现代教育技术手段，开展多种形式的教育教学活动。学校要求教师每学期上一堂电教课，举办教育资源进课堂教学实践交流活动，并组织教师上好公开课、示范课和研讨课，开展现代教育技术应用教学观摩交流活动，开展课堂教学评价，利用典型课堂案例进行教学交流、研讨与反思等。

（3）以电子书包应用为突破口改进教学，为了更好地推进电子书包的应用，学校先后到青岛、杭州、临朐、昌乐等地学习，观摩、研讨各地老师们的精品课。同时重视校内培训、交流，不定期开展电子书包研究课、使用交流会、微课制作指导等活动，逐步使电子书包应用常态化。电子书包的引入，促使教师走在教育信息化大潮的前列。教师在探索过程中学会了很多新的应用：英语教师用互动游戏组件学习英文单词，寓教于乐；道德与法治教师用超链接功能进行课堂知识的拓展，并设定简答题型，小组讨论后拍照提交，讲评小组查看结果并进行人气投票；物理教师将 PPT 与电子书包平台相结合，充分发挥电子书包的统计反馈功能，及时发现学生的薄弱环节并加以巩固；数学教师将题目截图发送至学生端互动题板，学生使用原笔迹进行作答，教师运用对比功能，找出典型答案进行讲评，发现学生易错点并加以巩固；地理教师截图发送多选题型，发现并统计学生易错点；化学教师进行变式训练，发送互动试卷，即时统计反馈；生物教师利用电子书包答题卡，将学案与电子书包有机结合，节省教师批改作业的时间，提高了课堂效率。教师从探索电子书包的应用中找到了乐趣借助课堂上电子书包平台即时生成的各类数据，开展了"数据 +"教学模式探索。

（4）强化学生的科技意识，提高科学文化素质，已成为学校素质教育的重要课题。学校在科技楼建设了创客体验馆、机器人实验室、数字史地教室等，开设了相关特色兴趣课程，如：科技小发明、机器人、3D 打印等。学校的科技创新教育刚刚起步，今后将陆续开展各种学习实践和比赛活动，借机拓宽学生的科技视野，培养学生的科技创新能力。

3.3 青岛西海岸新区第一高级中学以智慧教育赋能，以精准教学提质

青岛西海岸新区第一高级中学根据《教育部教育信息化 2.0 行动计划》《青岛市"十四五"教育事业发展规划》等文件精神，围绕学校信息化教学环境建设工作，积极推进信息化工程，建构智慧教研、分层教学、实验教学、培优教学、教学评一体化等应用场景，探索信息技术与教育教学深度融合，创新应用模式，智慧教育赋能，精准教学提质。

3.3.1　统一思想，整体推进

学校校级领导与中层以上干部成立能力提升工程领导小组，组建管理团队和能力提升工程办，分别由三位专业技术指导教师和多名教研组长组成，认真学习能力提升工程的相关文件，领会文件精神，开展"教务干部—教研组长—教师"三级培训，详细解读文件中有关信息技术工程 2.0 的内涵、整校推进的实施路径、微能力点的学习和各个阶段的工作任务、时间节点、完成方式等内容，帮助全体教师理解能力提升工程是什么、做什么、怎么做等关键问题，提升了教师对学校推进信息技术 2.0 的整体认识。

3.3.2　智慧教研，因材施教

西海岸新区与企业合作启动"因材施教人工智能＋教育创新应用行动"项目，共创智慧教育示范区。学校作为第一批试点学校，在项目启动之初就配备了教室"超脑"教师机、学生机等设备，快速推进"智慧课堂"大规模常态化使用，并使之服务于高考备考。

从高一到高三，每位学生都配有学生平板，每位任课教师都配备平板电脑，每间教室都有超脑和平板充电车；同时依托企业后台大数据的支撑，学校拥有完整的后台数据中心，可以全方位地从教师教学行为、学生学习行为、资源使用情况及课堂动态等方面进行监测。学校作为智慧教育落地西海岸新区的首批受益者，如何以信息化带动课堂教学，深入变革与发展，建立"数据、智能、个性、互动"的课堂新生态，帮助师生减负增效，提高教学与备考效率，是近几年学校思考的主要问题。围绕上述问题，学校从以下几个方面进行了探索。

学校依托智慧教育软件，面向学校日常作业、考试及发展性教与学评价需求推出大数据个性化教学系统，旨在为教师和学生提供更加简单易用的系统操作和全面完善的资源服务，通过大数据分析充分挖掘校园考试价值，通过基于云服务的 PC 及移动终端综合方案为每一名老师和学生提供针对性教和个性化学的信息化环境与服务。教师端为教师提供从组卷到数据分析的全流程线上操作解决方案，具备智能组卷、考试管理等四大功能。

学生端借助人工智能、知识图谱及大数据自动分析技术，为学生打造个性化在线学习平台。学生端主要功能包括个性学情分析、个性化学习资源提供等，还为家长提供学情分析、家校互联、课程学习等服务。

该智慧教育软件以考试阅卷为基础，以数据统计、分析、评价为核心，注重学生在学习过程中的发展性评价及教与学分析。系统基于智能终端设备采集、分析、诊断测练场景下的过程性数据，推荐适合师生教与学的个性化资源。通过学生学习的大数据分析，实现个性化、基于知识图谱的学习诊断。这不但可以帮助学生挖掘错题根源，还可以推送相匹配的微课讲解和难度适中的习题资源为学生针对性学习。

智慧教育软件以学习者为中心的教育评价，为各级教育系统、教师、学生、家长系统提供基于知识点的综合教育评价服务，探索建立以学习者为中心的教学新模式的途径与方法，并建立基于问题诊断的基础教育质量改进服务体系。

智慧教育软件可以帮助教师准确掌握学情。例如每年都有教师调整，以前教师要做面对面的交接，将学生的情况介绍给新任课教师。现在教师通过智慧教育软件导出学生的学情分析报告，可以准确掌握所有学生存在哪些问题，教师就可以在教学中有的放矢。

通过人工智能、大数据等新一代信息技术与教育教学的深度融合，实现精准教学，帮助师生减负增效。英语可以实现全卷智能批改，包括英语作文的批改。

英语（刘静老师和王俊玲老师）教师在批阅试卷中充分利用智慧教育软件的自动批改功能，先自行批阅，然后通过软件批阅，教师批阅得越多，软件的批阅就越精准，大大减轻了教师的工作量。

学生测评方面，在日常作业和考试测验中，通过自动批改与教师批改相结合，智能完成数据统计分析工作，最终生成多维度可视化学情报表，帮助教师精准且高效地掌握学情。

学生自学方面，通过课堂互动自动评分精准定位学生学情，在课后智能推荐个性化作业，实现作业千人千面。减少低效重复练习，提升学习效率。

3.3.3　培优教学，资源共享助力自主学习

智慧课堂的全面覆盖，形成了课前、课中、课后的全时空学习环境，在这一环境中，根据新课改理念，进行不同学科、不同课型智慧教育模式的探索，实现"数据驱动学生学习个性化，教师教学精准化"。

高三英语复习课教学，教师课前利用智慧课堂平板推送云端资源，包括话题词汇文档、微课讲解、视频补充，做好预习的指导工作。课中，运用平板的限时训练进行词汇检测，借助大数据的反馈及时了解学情，调整教学思路；同时在复习的过程中，利用多媒体资源增强师生的互动，提高教学效果；运用白板的演示功能，让学生理清作文，形成"词汇升级—句式升级—逻辑细节升级"的语言输出思路。课后，通过课堂检测和大数据收集，进行个性化推送和检测，巩固教学效果。新高考综合改革取消了考试大纲，高考命题更加突出综合性、基础性、创新性和应用性。面向新高考的精准备考，学校建设校本资源库，形成更加适合新高考要求、更加贴合学生实际的"新区一中智慧教育资源库"。

基于智慧课堂系统的教学资源建设，突出应用导向，一方面教师精选云端资源、新区教育云平台资源加入校本资源库；另一方面，经备课组、教师精心研究完善的、适应本校学情的优

质教学素材也及时上传平台，校内共享。教师可以将资源直接用于上课，节约备课时间，或把精心加工的微课视频等推送给学生进行预习、复习。

基于新课标知识图谱的试题资源库建设，更加体现精准化与智能化，无论是云端的海量试题还是教师自己精编上传的试题，经过题型题类、知识点、难度等标签标注，可以直接用于课堂测练、课后作业、考试等场景，准确采集、诊断学生学情，为精准教学和个性化学习奠定基础。目前在学校资源建设方面，已沉淀试卷 2 956 套、试题 47 563 余道，已利用题库试题组织多种类型测练。

3.3.4 精准学生管理落地

一是优化拓展课程。开设奥赛课程、学科提升课程、补弱课程和激励课程，对接国家强基计划，拓宽优生培养渠道，实现学生更高层次发展。以补弱课程为例，针对有明显弱科的尖优生，由年级安排骨干教师授课，每周一次，每名尖优生限报一科，以一学期为一个补弱周期，授课教师根据大数据分析，找准尖优生的薄弱知识点，制订个性化的补弱方案；针对特招线边缘生的补弱课程，同样每周一次，授课教师通过智慧教育软件查找学生的薄弱知识点，汇总编辑补弱讲义，实现个性化的有效突破。

二是探索分层集备。基于学情数据，利用知识图谱和大数据技术，分析不同选课组合的学情差异，开展分层集备。每周集备包括集体研讨考纲和课标、新授课的说课以及分层研究错题、学案、教学进度、作业设置等内容。建设培优补弱线上班级小组，通过智慧教育数据支撑分层教学，既让尖优生"吃得好"，也让边缘生"吃得饱"，从而解决尖优生拓展不充分与边缘生跟不上教学进度的问题。

3.3.5 教—学—评一体化，构建智慧校园教育新生态

落实分层作业、弹性作业、靶向作业，实现常态化收集考试与日常作业等结果性数据，结合教与学的过程性大数据分析，构建以生为本的成长画像，智能分析学生学科能力与潜力、精确评估学习状态，帮助学生查漏补缺、整理错题、分析薄弱，有效提高学习成绩。

学校组织学生登录青岛市高中学生综合素质标志性成果奇点平台，及时填报学生标志性成果、学生履历（任职情况）、综合评定（发展性评语）、成长档案（包括综评报告）等相关信息，建立相应的评价量规和观测点，实现体育健康、艺术发展、劳动技能、卫生环境等多维度分析，提供心理健康测试与辅导服务，帮助家长实时了解学生的学习、生活情况及在校表现，实现家校共育，为学校改进教育教学和管理进行精准指导。

3.3.6 数字监控，构筑安全校园环境

加强校园安全技防建设，学校门卫室配置可视化一键报警系统一组，与青岛市长江路派出所和指挥中心连接，并聘请专业人员每月一次对设备进行测试，确保突发事件处置的及时性；校园内安全监控点位全方位无死角覆盖，配套安全监控后台控制系统，及时防范校园安全事故，有效提升学校考试及大型活动期间的安全防范工作。人工智能、大数据技术与教学深度融合，智慧课堂、智慧校园建设，为青岛西海岸新区第一高级中学的发展创造活力，为每一位教师提供更高层次的思考、创造、表现的机会，让每位学生得到全面且有个性的发展，为学校的可持续高质量发展添加腾飞的翅膀。

3.4 青岛君峰路中学搭建智慧教育应用场景，全面推进智慧学校建设

学校建立了与国家、省市区资源融合的校本特色数字资源库，研发了学生综合素养评价软件，精准绘制学生成长数字画像，赋能学校教育教学管理，促进学校高质量发展。确立如下发展目标：教育环境数字化，智能互联，重构教育要素；教师发展数字化，精准诊断，助力专业发展；教育过程数字化，多维共享，携手立德树人；学生成长数字化，精准画像，促进素养提升；教学评价数字化，即时精确，赋能因材施教；学校管理数字化，集约应用，达成科学高效。

3.4.1 引进教学评价系统，创建新型智慧教室，营造数字化教学环境，构建教师画像

学校创建了新型智慧教室，为教学过程中的数据采集、诊断、分析和评价提供了保障。教学评价系统在教室端即可精准、高效地完成课堂教学行为分析，实现教与学过程的追踪、诊断和赋能；智慧纸笔，则可实现学情采集和即时反馈、学生答题思路还原、作业智能批改，让因材施教和个性化学习成为可能。教师利用智慧纸笔实时检测学生的知识掌握情况，并根据学生反馈进行个性化辅导，实现了"教、学、练、评"一体化。依托 AI 进行数据采集和分析，生成教师特征、教学能力、教学行为、教研行为、教研成果等结构化数据分析报告，支撑教师分析日常教学背后的规律，进而提升专业能力；教研组也可通过数据对比、研究、制订、调整、优化课堂教学和作业设计等策略。

3.4.2 引进 AI 听说课堂系统，让英语听说不是梦

青岛市李沧区为学校配备了 AI 听说课堂系统，使学生可以随时进行英语听说训练，为学生营造了更加自然的语言学习环境。英语听说课现在成了学生最期待的课堂，特别是之前不爱学英语的学生，敢于张开嘴大声说英语，大大激发了学生的学习英语的兴趣，英语成绩也有了大幅度的提升。

3.4.3 建立与国家、省市区资源融合的校本特色数字资源库

学校通过链接国家中小学智慧教育平台、青岛市教育 e 平台、李沧区智慧云平台等资源，形成了学校思政教育、七彩校本课程、师德建设、名师导学课、空中答疑、有声改错、课后服务、"靶向作业"、家庭教育等特色资源库，赋能学校教育教学管理，促进学校高质量发展。

3.4.4 研发综合素养评价工具，精准绘制学生成长数字画像

学校协同杭州施强教育科技有限公司研发学生综合素养评价软件，对安全、一日常规、活动参与、就餐学习、优点亮点等学校行为进行全方位全过程写实记录，让素养教育可视化，让综合评价精准、全面。

3.4.5 建设数字社团，撬动学生成长内驱力

学校成立了人工智能机械臂、编程、3D 打印、机器人等数字社团，为热爱科技的孩子提供了自由发展和施展才华的机会，也因此成为学校最受欢迎的社团。2022 年，学校荣获山东省 icode 编程大赛优秀组织奖，还有 17 名学生分别荣获一、二、三等奖。同年的青岛市创意编程与智能设计大赛中有 4 名同学获奖，在青岛市建模比赛中有 8 名学生进入决赛，多人获奖。

3.5 平度市凤台中学基于人工智能视域下大数据教学的建模和实施

3.5.1 人工智能视域下的大数据教学建模

高科技设施只有应用才显其价值，基于人工智能视域下的大数据教学模式，可根据教育教学需要，结合虚拟现实技术（VR）和软件开发平台，创设集视觉、听觉、触觉等为一体的多维度虚拟教学，让学生在教室就可以身临其境地学习，激发学习积极性，提升学习效率，确保

学习实效。同时激发学生的科技兴趣，启迪创新思维，为未来发展奠基。

在课堂上，利用"人工智能＋大数据＋智能 PPT（3D 元素）＋投屏＋智慧黑板"五个模块进行建模。"人工智能"是"大脑"，教师通过"人工智能"对其他模块发出"命令"，让教学环节衔接自然，让教学活动进展有序、自然、流畅，从而提升课堂教学容量质量。

大数据教学模块是利用云计算、大数据和人工智能等信息技术与教育教学的完美融合。通过平台的云端 App，实现多所学校优质教育资源的共建共享，让学生足不出户即可享受来自其他名校优秀教师的题库、视频等学习资源。同时在课前预习、课堂检测及课后巩固三个阶段，实现智能推送、实时学情诊断分析、多元评价，针对每位学生提供智能个性化诊断、治疗、提升方案，满足学生的个性化学习需求。

3.5.2 人工智能视域下的大数据教学实施

基于人工智能视域下的大数据课堂教学建模可以分为课前、课中、课后三个阶段和十个环节。（课前阶段：任务发布、学情分析。课中阶段：预习知识检测、学习目标展示、合作探究突破、授课反馈训练、归纳总结提升、课堂检测反馈。课后阶段：课后作业提升、个性化过关学习）

3.5.2.1 课前阶段（大数据教学模块）

教师主要通过任务发布、学情分析、反馈评价三个环节，来获取学情，进行二次备课，确保授课的针对性、实效性。

（1）课前任务发布

任务设计依据：一是所教班级情况和对教材的整体把握；二是所授知识点的教学目标；三是为学生预备配套的学习资源（其中包括微课、学案、试题、问题的讨论等）。

任务设计原则：课前任务要少而精，一般为 2—3 个任务。课前任务要求要明确具体。课前学习的形式要多样，要充分考虑学生的兴趣点。

任务形式：一是发布视频或微课，二是发布线下组题，三是发布在线组卷（学生课前通过预习进行答题，每一题的正确率一目了然，教师可以进行有的放矢的讲解）。

（2）课前学情分析

大数据教学平台自动记录与分析学生的学习过程，教师可以实时查看学生的任务完成情况，根据数据反馈结果得知学生对知识的具体掌握情况。

教师依据学情，分析、整理学生针对所学知识中存在的共性、个性问题。注重课前学习内容与课上教学活动的衔接；课前任务要明确，要具有层次性。

教师利用大数据教学平台获取学情，来完成二次备课，借助人工智能（智能管家），来实现"大数据＋智能 PPT ＋投屏＋智慧黑板"的建模。

3.5.2.2　课中阶段（"人工智能＋大数据＋智能 PPT ＋投屏＋智慧黑板"五个模块）

以小组合作的教学方式，借助人工智能（智能管家），来推进"大数据＋智能 PPT ＋投屏＋智慧黑板"建模的实施。在这个阶段，教师通过人工智能（智能管家）发出命令（如：智能管家，VR 画面；智能管家，电脑画面；智能管家，投屏画面；智能管家，关闭大圆灯、筒灯、异形灯；智能管家，打开或关闭窗帘），在课堂上进行精准讲解，学生在课堂上进行高阶段高质量学习，提高课堂教学效率和课堂容量。

3.5.2.3　课后阶段（大数据教学平台）

根据当堂检测结果，分层次、有针对性地布置课后练习，进行强化巩固。遵循学生的遗忘规律，以当日的家庭作业和第二周的再过关为组织形式，让学生实现有效学习。

（1）课后作业巩固提升

教师根据学生的当堂测验情况，在大数据教学平台或者纸质资料上有针对性地对题目进行巩固。教师也可以将学生进行分组，分层次地在大数据教学平台推送学习任务。有一些重点性的题目可以录制成小微课，发送给学生，让学生在家反复学习。

（2）个性化过关学习

学生课堂练习和课后作业中的错题会被大数据教学平台收集到错题集中，学生可以自由查看错题，并可以重复做错题，然后可以选择将已经做过并掌握的错题移除错题集。智慧课堂转变了教师的教学方式，丰富了课堂教学形式和内容。大数据教学平台让教师更了解学生的真实情况，能够精确地掌握学情，对学生的兴趣点和薄弱点进行准确判断，突出教学的针对性，从而进一步确立了学生在课堂中的主体地位。

该案例展示了基于人工智能视域下大数据教学在基础教育领域的应用。整体教学模式可以总结为通过"人工智能＋大数据＋智能 PPT ＋投屏＋智慧黑板"五个模块，基本实现了课堂教学的智能化和个性化。课前阶段，教师通过大数据教学平台发布任务、分析学情，为二次备课提供依据。课中阶段，以"学习小组"为基本单位，学生进行自主学习和合作探究。教师利用大数据教学平台实时获取学情，采用互动方式激发学生学习积极性。课后阶段，根据当堂检测结果分层次布置作业，进行强化巩固。学生可以通过平台查看错题并进行重复练习，实现个性化过关学习。人工智能变革了教、学、研、管、评等方面，实现了课堂的智能化和个性化。为提升教学质量，对专用技术和生活化常用技术做了较好的结合，该校的实践具有较好的示范性。

3.5.3　人工智能视域下的大数据教学给课堂教学带来切实转变

基于人工智能视域下大数据教学的尝试和推进，在很大程度上推动了教师在教研方式和教学方式方面、学生在学习方式方面的改革，将教师从繁杂的批改工作中解放出来，腾出精力研究学情；将学生从重复的作业中解放出来，进行深入有效的自主学习，学习的主动性和实效性得到了大幅度提升。

3.5.3.1 课堂教学真正实现以学定教

教师能借助大数据教学平台，及时了解学生的学习情况，掌握每一个学生的个性化学习水平。

大数据教学平台基于真实的学生数据为教师提供精准的学情报告及学情分析，学生哪里不会、哪里需要强化，教师都一目了然。

帮助教师从备知识转换为备学生，实现了真正意义上的"以学定教"。

3.5.3.2 课堂教学教师实现以导代教

教师可以根据新授课的教学目标选择使用学思案，提前发给学生，让学生进行尝试性学习和自主学习。

教师可以根据大数据教学平台提供的数据分析，了解学生的学习情况，准确了解每位学生的认知结构和对现有知识的掌握水平，进行有针对性的二次备课。

能够实现从学生的实际出发，在课堂上进行重点突破，实现学生知识点由最近发展区到已知已能区的转化，实现有效教学。

3.5.3.3 课堂教学真正实现因材施教

基于互联网和大数据分析，可以采集和储存教学全场景的数据，实现随时评估每一位学生在某一个知识点的掌握情况。通过可视化方式来帮助教师探索和解释复杂的数据，学生也可以及时了解自己在全部学生中所处的位置，掌握自己在测评过程中暴露的问题，实现对症下药，开启"课前学思案＋课中及时检测＋课后及时巩固"的以学生为中心的教学方式。

第四章

CHAPTER 4
关键问题

4.1 互联网学习需要高投入，但绩效和产出较难衡量

不同于其他方面以校为单位的资金投入方式，在学校或区域开展大规模的精准教学时，软硬件的投入非常大，尤其是在以学生使用对应的电子终端为主要模式的精准教学中，往往需要以学生为单位的资金投入方式，资金需求量巨大，而且这样的投入必须由财政部门承担，不能采取家长出资或自带设备等方式。除了高资金投入，互联网学习方式（即数字化赋能教学）面临的问题还包括见效慢、周期长、成效不易量化和绩效难以衡量。

4.1.1 教育数字化转型经费投入的多元需求

一个城市以及城市各个地区的发展离不开资金的支持，教育信息化的发展离开资金更是寸步难行。教育经费紧张是当前阶段青岛市各区、各学校面临的一大难题。在调查的过程中，许多学校指出，资金短缺是校园信息化建设缓慢的首要原因，尤其是老城区的老旧学校，更受到资金不足的制约。

先进的硬件设施、高端的信息技术和具有数字化素养的技术人才，这些都对学校乃至区域的教育信息化发展起着至关重要的作用。人工智能、大数据等新一代信息技术正在改变世界的每一个角落，教育同样也正在接受人工智能技术的洗礼。在教育教学数字化转型的背景下，无数的教育研究证明，信息技术与学科教学的融合能够在很大程度上提升教与学的效率，为我们的教育教学发展提供新的契机。

这些技术的确能够深刻改变学校的教学模式，对学生的学习产生显著影响，然而，在有限的经费预算框架内，学校很难将先进的人工智能、虚拟现实、3D 打印等技术完全引入课堂。每个学校以及学校所在区域对教育发展的经费都有着周密的规划，单凭学校自身的力量很难实现推进教育信息化的发展，很多学校难以推进校园信息化建设正是因为受到了资金不足的限制。教育经费不足对数字化转型赋能智慧教育的制约主要体现在以下方面。

4.1.1.1 硬件设施需要持续投入

教育信息化的发展需要大量硬件设施投入，例如计算机、网络设备、服务器等。由于教育经费有限，很难满足这些硬件设施的全面投入，导致一些学校的教育信息化设施不够完善，如某些区域在实施纸笔课堂时，无法保障校内无线网络的有效使用。信息技术更新换代很快，导致一些学校的信息化技术设备很快过时，需要不断投入资金进行更新升级。

4.1.1.2 软件资源的购置与开发已经成为常态性的资金需求

数字化转型赋能智慧教育不仅需要硬件设施的支持，还需要软件资源的支持，例如教学软

件、教学资源等。由于教育经费的不足，很难有足够的资金投入软件开发和资源建设，导致一些学校的数字化软件资源匮乏。

4.1.1.3　教师数字素养的提升需要较高的投入作为保障

教育信息化的发展需要教师具备相应的信息技术能力和教学能力。由于教育经费的不足，很难有足够的资金用于教师的信息技术培训和教学能力提升，教育信息化设备、平台的维护和管理也需要专业的技术人员和团队。

4.1.2　顶层设计和政策规划还需系统性安排

目前青岛市各个区域都对教育信息化建设十分重视，采取各式各样的举措来推进所在区域学校的教育信息化建设。

西海岸新区的各个学校都将智慧校园建设提升到了学校发展与建设的顶层位置，并开展一系列活动加快教育信息化的发展。如搭建线上学习平台、创办"青青益课"名师公益课堂、组织教学管理者进行信息化测试等工作都可以体现目前西海岸新区对教育信息化的重视程度。李沧区为学校购置扫描仪、打印机，为建设数字化硬件环境给予资金支持，为教师定期开展数字平台使用技能培训，提升每一位教师、管理者的数字素养，切实做到教育教学的数字化引领。市北区通过自主研发作业量监控平台，落实国家政策减负增效，创建阅卷系统，落实全区学校增值评价。

虽然区域层面对教育信息化的发展十分重视，但仍存在一些棘手的问题，例如各项教育政策对于教育信息化的界定存在模糊不清的问题。"教育信息化涵盖哪些方面？什么样的问题能被算在教育信息化发展的范围内？"等有关教育信息化的定义问题影响教育信息化相关经费的申报。西海岸新区部分学校表示，在向上级教育主管部门申报教育信息化相关课题以及相关财政拨款时，会遇到因申报内容不在申报主题范围内而导致申请被驳回的现象。因此，这部分学校殷切希望能从政策文件上进一步明确教育信息化的有关标准，在政策文件引领下有的放矢地发展所在学校的教育信息化，从而支持教育信息化的进一步推进。

政策层面对数字化转型赋能智慧教育的制约主要在以下四个方面：第一，部分区域的教育政策中，缺乏对教育信息化发展的整体规划和统筹部署，导致各个部门之间的信息化发展存在不协调和重复建设的情况。第二，政策引导和支持还需更为明确和清晰。在一些地方的教育政策中，缺乏对教育信息化发展的明确引导和支持，导致一些学校缺乏明确的发展方向和动力。教育信息化、数字化赋能的范畴没有明确的政策规定。第三，数字化转型效果较难评估，难以量化教育信息化的实际效果和质量。第四，支持教师信息化素养提升的政策仅在部分区（市）落实，常态性、持续性的科学培训还需加强。教育信息化的发展需要教师具备相应的信息技术能力和教学能力。

4.1.3 区域间数字化转型进度差异大、不均衡

区域的经济发展差异是导致教育信息化资源分配不均的重要因素之一，经济发达地区通常有能力投入更多的教育经费，而经济欠发达的地区则缺乏足够的财政资金和家庭经济支持，导致教育支出相对较低。

在实地调查中，我们发现青岛市西海岸新区的双语小学单独设立了数据分析舱，全息课堂、教师行为数据分析舱等智能化教学设备，对课堂进行实时监控，记录教师和学生的课堂数据，为进一步改善教与学提供了依据。通过使用 5G 全息技术，把全国各地的教育、全球的教育连结在一起，形成了 VR 环境下的"全球学习室"，让学生更好地体验双语沉浸式学习。此外，该学校还有专业的大数据分析教师分析课堂行为数据，致力于提升教师的信息化教学素养。

其他区域的学校难以获得类似的先进技术与人才资源，因此资源分布不均是导致区域教育信息化发展不平衡的重要因素。硬件设施是一个学校开展信息化教育的重要基础，但在目前阶段，许多学校在基础硬件设施方面的投入严重不足。随着信息技术的快速发展，硬件设施的更新速度也很快。然而，一些学校的硬件设备更新缓慢，还停留在网络畅通无阻、电子白板全覆盖等最基本的信息化设施建设阶段，无法跟上技术的发展步伐。这可能会导致教学内容与实际应用脱节，影响学生的学习效果。

4.1.4 数字化转型需要持续性投入和对教育数据的有效管理

硬件设施在使用过程中需要定期维护和管理，以保障其正常运转。然而，由于一些学校的设备维护和管理不到位，导致设备存在故障率高和使用寿命短等问题。许多学校指出，在初期发展阶段可以获得信息化硬件的政策拨款，但在后续阶段学校难以负担信息化培训和软件服务的费用。设备维护与管理存在的困难主要源于以下几个方面。

4.1.4.1 技术设备更新速度快

随着科技的快速发展，各种新的技术设备不断涌现，以满足人们对教育信息化的需求。然而，这也使得教育信息化建设面临着技术设备更新速度快的困境。学校如要购置最新的设备，不仅需要耗费巨额的资金，而且还需要花费大量的时间和精力来学习和适应新设备的使用方法。同时，随着设备的更新换代，旧设备的维护和处理也成为问题，给学校带来了新的挑战。

4.1.4.2 设备使用率低、维护困难

由于教育信息化设备数量众多且分散在各个校区或教学楼，给设备的维护和管理带来极大的不便。同时，由于设备使用率低和维护困难，导致许多设备存在闲置和浪费的情况。不少学校为了数据可视化配置了扫描仪与打印机，由此一来纸墨耗费数量巨大，在耗材方面需投入大量

资金，与此同时还存在因打印数量巨大、打印设备有限而导致打印设备磨损多、易坏损的问题。

4.1.4.3　教育数据需要系统设计和统一管理

各个区域、不同学校使用的智慧教育系统不同，导致系统之间的数据无法共享，数据的利用和管理存在很大的困难。各种教育应用系统独立分散，扩展性和业务灵活性差，信息孤岛现象严重。各种教育数据管理复杂，共享困难，缺乏统一的标准。这使得数据的收集、整理、分析和利用变得非常困难，无法充分发挥数据的价值。首先，从管理层面来看，各学校系统之间的数据无法共享和交换，导致出现大量的重复数据和垃圾数据。其次，不同系统之间缺乏统一的标准和接口，无法实现信息共享和交换，产生的大量数据往往需要手动整合，增加了工作量，还容易出现错误。

4.2　平台和资源配置既需全面统筹，又面临个性化需求差异较大的矛盾

统筹建设互联网学习平台、工具、资源，能够有效降低各单位投资难度，更易上手，这一解决方法的实施，对于投入能力不足的农村薄弱学校尤为必要。但统筹建设容易忽略区（市）、学校的个性化需求，造成个性化需求无法满足，或不符合本区（市）、学校情况，从而无法应用的问题。但不统筹建设，交由区（市）、学校分别开展个性化建设，又容易带来区域、学校间的巨大差异，不利于均衡发展。数据资源分散建设，形成信息孤岛，缺乏统一标准，无法有效整合共享。

4.2.1　国家中小学智慧教育平台的应用所面临的困难

国家中小学智慧教育平台是面向全国师生、家长和社会学习者提供服务的公共服务平台，旨在成为学生学习与交流的平台、教师教育教学与备课交流的平台、学校科学治理的平台、社会教育与服务的平台、推动教育改革发展研究的平台。国家中小学智慧教育平台目前涵盖了包括德育、体育、美育以及劳动教育在内的专题教育，课程教学、课后服务、教师研修、家庭教育、教改经验和教材几大模块。在调查的所有区域中，国家中小学智慧教育平台在学校的使用率基本达到100%。国家中小学智慧教育平台在资源丰富性、功能性、实用性和操作简便性等方面都表现出色。然而，也存在诸如资源下载困难和互动不足的问题。

不少一线教师表示国家中小学智慧教育平台的视频资源、电子教材等内容无法直接下载，教师无法借助翻转课堂直接使用讲解精练且透彻的视频资源，教师需要针对需要的资源自行录

屏再嵌入课件中以供上课使用。部分教师能够熟练使用视频的剪辑与合成软件，将需要的教学视频片段借助相关软件进行创作，辅助课堂教学课件的制作。但对于缺乏剪辑技术的教师来说，下载与使用平台中的优质教学资源存在较大困难。国家中小学智慧教育平台主要以提供教学资源为主，但互动性不强。在实际的使用过程中只能被动地接受信息，而不能主动地参与到平台的互动中来，教师无法与使用该平台的全国各地的教师进行实时的互动交流。

4.2.2　在区（市）层面融合性区域教育平台建设还需优化

数字化智慧教育缺乏融合性平台依托是各个学校教育信息化向前推进的一大制约因素。受限于资金紧张等原因，部分区（市）未能搭建和充分利用融合式区域教育平台，未能整体性、体系化推进数字化赋能教学建设。目前，教师的教学资源主要依赖于教师自我收集，这种分散式的信息收集方式效率过低，资源收集多以散点式进行，不能很好地以面、状整体进行。

另一方面，现有的教育数字化资源呈点状分散建设，未能依托区域平台有效整合，数字化教、学、评无法贯通形成完整体系，学生的德智体美劳和心理健康各自为战，业务层面的各自为战，又带来了数据层面的信息孤岛，不仅增加了系统使用和维护成本，也导致宝贵的教育数据过于分散，无法被完整搜集、共享和利用。

以下为缺乏融合性智慧教育平台所带来的具体问题：第一，资源整合还需加强。缺乏融合性智慧教育平台，教育资源呈现分散状态，难以有效整合和共享。这不仅浪费了教育资源，也使得各个教育主体之间缺乏协作和沟通。缺乏智慧教育融合性平台，使得教育过程缺乏智能化、个性化和精准化的支持，降低了教育质量和效率。第二，教育数据未能有效利用。融合性智慧教育平台的缺失，会导致无法充分利用教育数据，难以实现数据驱动的教育决策和管理。这使得教育主管部门和学校难以准确了解教育情况，无法制定科学有效的教育政策和措施。第三，教育协作还需强化。由于缺乏融合性智慧教育平台，难以实现跨部门、跨学科、跨地域的协作和交流。

4.2.3　各平台间的对接存在较大困难

4.2.3.1　区域智慧教育平台难以链接到国家相关平台

区域智能教学云平台是区域性的智慧教育平台，提供了一系列例如数字化教材、数字化学习资源等数字化工具和资源，可以帮助教师更加便捷地进行备课和教学。同时，该平台还可以为家长提供及时的学生学习情况反馈，方便家长更好地了解学生的学习情况。该平台可以贯穿教、学、研、管、评、测等全流程教学场景，以教育数字化转型促进教育资源优质均衡，全面赋能"双减"政策落地。

教师经常使用的某互联网学科资源网站是一个中小学优质教育资源共享平台，为教师提供优质的试题、试卷、教研资料等教育资源，覆盖了初高中各学科。其提供的教学资源包括 PPT课件、教案、试题、试卷等，帮助教师更加便捷地备课和教学。此外该网站还提供了一系列教学工具和插件，可以帮助教师更加高效地进行备课和教学。但该网站为互联网运营性网站，目前基本停留于个人层面的应用，区域整合推广和资源整合存在困难。

走访调查中，70% 的受访教师指出，区域智能教学云平台的题库存在更新不及时且涉及的范围不全面等问题，所以很多教师仅将该平台作为上传课件、教学设计的网站使用。区域智能教学云教育平台与学科网链接的打通存在相当大难度，现阶段区域智能教学云平台的题库量不足，题目设置深度太浅。因此，将各类备课资源库与区域智能教学云平台打通是目前亟须解决的问题。

4.2.3.2　学校个性化系统无法衔接到区域智慧教学云平台

以西海岸新区井冈山路小学为例，该学校配备有"网上巡课系统"，教学管理者可在移动终端设备实地记录教师的课堂教学行为。但是在目前阶段，由于学校教室未配备智慧监控设备且缺乏多模态教学管理机制，因此该学校网上巡课系统暂时无法与平台进行对接。教学管理者无法根据教师的教姿教态、面部表情、肢体动作等更高效地收集课堂数据，并以此为依据对教师进行点评，给予相应的反馈建议。管理者在监控教学时，受到空间限制，无法通过智能终端进行网络巡课。

4.2.3.3　各学段成长轨迹数据互联困难

学生电子成长档案袋能够全面地记录学生的成长轨迹，提高学生的自我认知和自我管理能力，促进家校沟通，有利于学生的全面发展和长期发展。同时，它也可以作为学生求职或留学申请的重要参考资料，帮助学生在这些过程中更好地展示自己的能力和潜力。

以西海岸新区的井冈山路小学为例，目前，该学校对于人人通网络空间的使用已经贯穿小学整个学段，一至六年级的学生都有自己的成长空间，作为自己的电子成长记录袋，可以观测学生六年之间的变化及进步，对于学生的后续发展提供了量化的数据支持，有效地预测学生的发展趋势。学习者全过程的电子成长档案对学生的成长性评价以及综合评价具有十分重要的作用，但是在目前阶段，小学、初中、高中三个学段的学情没有实现有效的对接。不少学校表示小学阶段的成长记录很少伴随学生进入下一阶段的学习学校，小、初、高各学段的成长数据无法互联，全方位地观测一名学生的成长轨迹存在很大难度，后续无法以专业数据为学生的未来职业规划及发展提供更加专业的参考。

各学段电子档案袋无法互通互联，除了难以实现数据的共享和信息的交流外，其弊端还突出表现在以下几个方面：第一，数据冗余和重复劳动。由于不同学段之间的电子档案袋无法互通，每个学段都需要重新建立一套档案系统，这会导致数据冗余和重复劳动。同时，由于不同学段之间的标准可能存在差异，这也增加了数据整合的难度和成本。第二，数据丢失和信息安全问题。如果学段电子档案袋无法互通，学生在转学或升学时，就可能会出现数据丢失和信息安全问题。例如，一些重要的个人信息、学业信息等可能无法顺利转移，或者在转移过程中出现泄露等风险。第三，不利于教育管理和决策。各学段电子档案袋无法互通，不利于教育管理和决策。教育部门无法全面、准确地了解学生在整个教育过程中的表现和进步，从而难以根据学生的整体发展情况制定科学有效的教育政策和管理措施。第四，不利于学生个性化发展。各学段电子档案袋无法互通，不利于学生的个人发展。学生在转学或升学时，可能会遇到一些困难和障碍，例如缺乏必要的课程基础、不适应新的学习环境等。如果各学段之间的电子档案袋能够互通，学生就可以更好地了解自己的学习情况和不足之处，及时采取措施加以改进。此外，小、初、高三个学段的全面的成长轨迹数据能帮助学生更好地进行职业规划，各学段电子档案袋不能互通对学生的职业成长与发展而言是一笔重大的损失。

4.3 师生数字化素养水平是影响数字化转型进度的重要因素

互联网学习或数字化赋能教学的有效性在于其能够真正提升教学质量，能够更好地将新的教育理念、学习方法，还有个性化教学、大单元教学、项目式教学等教学方法贯穿教学过程，数字化赋能有其独特价值，这需要广大教师、教育管理者和家长形成共识。

4.3.1 教育管理者对教育教学数字化转型的认知还有提升空间

教育管理者对教育信息化的认知程度直接影响教育信息化的推进和实施效果。教育管理者需要理解教育信息化的基本概念、目标和意义。他们需要明白教育信息化可以为学校的教学、管理和服务带来哪些改变和提升，以及如何利用信息化手段来提高教育质量和管理效率。如果教育管理者对教育信息化不够重视或者理解不足，就会导致教育信息化缺乏必要的支持和资源投入，从而影响其推进效果。

第一，部分教育管理者未认识到信息化管理的重要性，不知如何利用数字化工具进行数据分析、决策支持和质量控制等。部分教育管理者未认识到教育信息化在提高教育质量、提高管理效率、促进学校现代化建设等方面的价值。未能将教育信息化视为推动学校发展的重要手段，并给予足够的支持和投入。

第二，教育管理者的管理理念和方式也会影响教育信息化的实施效果。如果教育管理者过于强调传统的教育管理模式，或者无法有效地利用信息化手段进行管理，就会导致教育信息化无法得到有效的实施和推进。教育信息化管理理念和方式落后主要体现在以下几个方面：缺乏信息化管理意识，这会导致学校使用的信息化管理平台落后。部分学校使用的信息化管理平台相对落后，甚至停留在最基本的纯人工管理阶段。还有学校使用的平台存在功能不完善、操作不便捷、安全性不足等问题，无法满足学校现代化教育教学以及管理的各项需求，严重影响了信息化管理的效果和效率，无法实现自动化、智能化、个性化的服务。

第三，一些学校缺乏较为完善的信息化管理体制和规范，信息化管理的内部分工不够明确，内部管理责权相对较混乱，在出现教育问题时无法及时对接相应的部门和负责人解决有关问题。教育信息化管理需要具备专业的技术和管理的人才，但是一些学校和教育相关部门缺乏专业的信息化管理技术人才，没有专业的管理人才就导致一些学校和教育相关部门缺乏相应的数据挖掘和分析能力。一些学校在信息化管理过程中，只注重信息的收集和存储，而缺乏对数据的挖掘和分析能力，无法从数据中提取有价值的信息和知识，无法让数据为教育决策提供有效的支持。

第四，信息化管理的应用范围有限。一些学校只将信息化管理应用于教学管理、学生管理、财务管理，而没有将信息化管理应用于行政管理、人事管理、科研管理等方面，这会严重减缓智慧校园的建设进程。怎样利用信息技术更加有效地推进家校合作，以实现高效的数字化家校共同育人是目前有待教育工作者深入思考与设计的。

第五，缺乏整体规划和顶层设计。部分学校和区域教育管理者在推进教育信息化管理时，缺乏整体规划和顶层设计，各个部门和环节的信息化管理相对独立，无法实现信息的互通和共享，影响了信息化管理的效果和效率。缺少整体规划必然会忽略对信息化管理的评价机制和反馈机制的建设。

4.3.2 教师数字化素养需要持续提升

教师数字化素养是指教师适当利用数字技术获取、加工、使用、管理和评价数字信息和资源，发现、分析和解决教育教学问题，优化、创新和变革教育教学活动所具有的意识、能力和责任。教育部发布一系列教育行业标准，其中《教师数字素养》对教师的数字意识、能力和责任进行了明确和规范。第一，教师要具备相应的数据素养与应用能力，关注学习者的个性化发展，精准把握其阶段性发展变化；第二，教师要具备面向"以学习者为中心"的数字化教学设计能力，关注教学方法创新和教学评价变革，能够灵活开展线上与线下结合、虚拟与现实融合的教学活动；第三，教师要具备构建数字化学习共同体的能力，关注教育教学的形态和模式的重构，能够综合运用多种数字技术，构建多元、交互、有效的师生学习共同体，围绕以真实问题为核心的教学情景，开展体验式和协作式学习。

根据调查结果，不难发现青岛市的中小学教师已经具有比较强的数字化意识，能清楚地意识到数字技术在教育中的重要性，能够主动适应并利用数字技术进行教育教学。但是在数字技术知识与技能、数字化应用、数字社会责任以及专业发展等方面的教师数字化素养还有所欠缺。

4.3.2.1 数字技术知识不够全面，数字技术技能有待提高

中小学教师已经能够熟练使用学校现有的电子白板、智慧大屏等工具的基本功能，但是教师对于新兴的如人工智能、大数据等数字技术缺乏深入的了解和掌握，对该类数字技术的掌握程度普遍较低。

4.3.2.2 缺乏创新性的数字化教学策略与方法

许多教师在教学中仍沿用传统的教学方法，或仅对已有的数字化工具进行简单应用。如果教师能够根据教学目标与方法合理改编或制作互联网教学资源、搜索与选择合适的互联网教学资源，那么教师的数字化教学能力就达到了较高水平。但是大部分教师在将信息技术与学科教学深度融合方面的能力仍有欠缺。由于教师缺乏对数字化教学的探索和创新，难以引导学生进行数字化学习，无法培养学生的数字化素养和技能，因此不能有效地利用数字技术提高教学效果，从而制约学生的学习能力发展。

4.3.2.3 难以对学习情况进行全面的评价和分析

教师数字化素养要求教师在利用互联网对学生进行过程性评价和总结性评价、通过收集与分析学生的互联网学习数据来合理调整教学策略等方面，均具有较高的能力水平。由于基础设施在智慧终端、综合性数据平台等方面不够完善，教师无法有效地获取学生完整的学习数据和反馈，因此难以根据学生的真实学情进行针对性的教学调整进而进行全面的学习分析和学习评价。

4.3.2.4 对于新兴的数字技术缺乏学习和掌握的动力

大部分教师具备专业发展的意识和能力，能够不断学习和提高自己的数字化素养。但仍有部分教师缺乏持续学习和提升的意识和动力，对于新兴的数字技术缺乏学习和掌握的动力。

4.3.3 学生数字化素养水平还需提高

学生的数字化素养是指学生在使用数字技术时所具备的技能和素质，包括数字意识、计算思维、数字化学习与创新、数字社会责任等方面。多数学生拥有良好的合作精神和能力，例如在与他人进行在线交流和合作时，不存在沟通障碍，能有意识地与其他学习者进行交流与合

作。当前阶段学生在数字化素养方面欠缺的具体表现体现在以下几个方面。

4.3.3.1　信息获取和筛选能力不足

在知识爆炸的时代背景下，学生在面对海量信息时，缺乏有效获取和筛选信息的能力。同时，没有学校开设相关专门的互联网学习课程帮助学习者更好地进行资源的查找与搜集，所以学生在面对爆炸性的知识时他们可能难以判断信息的真实性和准确性，容易受到虚假信息的影响。此外，学生在高效地管理搜集到的信息、资源以及数据等方面的能力也存在不足，不利于之后对数据的使用。

4.3.3.2　信息安全意识薄弱

学生未接受过互联网安全方面的知识培训，他们可能会随意地将个人信息发布在社交媒体上，或者在不安全的网络环境中输入个人信息。学生的信息安全意识薄弱，对信息安全问题缺乏足够的重视，可能存在个人信息泄露的风险。

4.3.3.3　缺乏良好的数字化学习习惯

学生没有养成良好的数字化学习习惯，缺乏自律和自主学习的能力，过度依赖教师和教材，缺乏创新和批判性思维等。另外，多数学生在数字化学习过程中，缺乏一定的自我管理能力，如他们可能会过度使用数字化设备，导致注意力分散，缺乏自律和自主学习的能力。

4.3.3.4　缺乏批判性思维和独立解决问题的能力

多数学生在面对数字化学习资源时，在面对鱼龙混杂的海量学习资源与信息时，只是被动地接受资源与信息，而不会主动思考和判断资源与信息的真实性和准确性。同时，大部分学生缺乏独立思考和解决问题的能力，在遇到问题时，只是寻求他人的帮助，而不会主动思考和解决问题。

4.4　家长和社会对技术支持学习的认知水平还需提升

技术支持学习是指利用技术手段来促进学生的学习。技术可以为创建学习环境和挖掘新潜力提供机遇，技术支持学习在交互性、可视化、信息获取、促进教师和学生以及管理者的学习几个方面都发挥着积极作用。首先，在交互性上，在线学习平台、多媒体、移动应用程序等，具有交互性，使得学生可以与学习内容进行互动，提高学习的参与度和效果。其次，在可视化方面，通过模拟、动画、图表等方式呈现抽象程度较高的知识，可以将难以理解的概念可视化，使学生更易于理解和掌握知识。再者，在信息获取方面，技术支持学习可以帮助学生获取大量的信息，例如通过搜索引擎、在线数据库、数字图书馆等途径获取资源。最后，技术支持学习可以促进教师、管理人员和学生的学习，增强学校和家长间的联系。通过在线学习平台，教师可以发布课程资料、进行在线指导，学生可以在线学习、提交作业，管理人员可以管理学生信息、跟踪学习进度等。家长和社会对技术支持学习的认知不足主要体现在以下几个方面。

4.4.1 对技术支持学习的了解有限

许多家长和社会人士对技术支持学习的概念、方法和重要性缺乏了解，因此对其在教育中的应用和价值持怀疑态度。对技术支持学习持怀疑态度导致他们对数字化学习的信任度不高。一些家长和社会人士对数字化学习工具和资源的可靠性持怀疑态度，认为数字化学习可能会导致学生的身心健康问题，也质疑数字化学习的效果。对数字化学习的效果持怀疑态度，认为数字化学习只是表面上的变化，没有实质性的改进和提高，因此部分家长和社会人士对其持保守态度。

4.4.2 对教育信息化的认知偏差

部分家长和社会人士对教育信息化持有一种误解，认为信息化教育只是用电脑代替传统的教学方式，而没有真正理解信息化教育的本质和价值。此外，他们对教育信息化的重要性认识不足，认为信息化教育只是学校的事情，与自身无关，缺乏对信息化教育的关注和支持。他们对新技术和新事物接受度较低，对于数字化学习的认知度和支持度不高，认为传统的学习方式更加可靠和有效。

4.4.3 对学生使用数字设备的担忧

尽管互联网学习资源总量已经很大，但在满足场景多样化的学习方面仍需要家长、教师的甄选与设置。互联网学习资源可能无法涵盖所有学科和知识点。这导致学生在某些特定领域的学习需求得不到满足，或者需要花费更多的时间和精力去寻找相关的学习资源。学生在学习过程中可能会遇到不同的学习场景，例如课堂学习、自主学习、小组合作学习等。然而，现有的互联网学习资源可能更多地关注于传统的课堂教学模式，而忽视了其他学习场景的需求，这可能导致学生在自主学习和小组合作学习等场景下无法找到合适的学习资源或工具。

为了应对上述问题，同时也顾及学生在使用数字设备时容易发生沉迷等情况时，家长和教师就会限制学生对数字设备的使用，甚至过度限制学生使用数字设备的时间和内容，或者在学生使用数字设备时不开展必要的指导和监督。一些家长和社会人士对学生使用数字设备存在担忧，例如担心学生沉迷于网络游戏、社交媒体，担心学生接触到不良信息，从而限制学生的数字化学习。

第五章

CHAPTER 5
发展趋势及对策建议

5.1 教育信息化发展趋势

数字技术的融入能极大地提高基础教育的质量和效率，数字技术融入教育全局成为当前以及教育发展的一个重大趋势。云计算能够实现优质资源的整合与共享，为教育信息化提供强大的后台支持和存储空间。随着 5G 技术的发展和普及，未来移动互联技术在教育领域的应用将会更加高效和稳定。5G 技术可以提供更高的网络带宽和更低的延迟，使在线教育、远程互动等应用场景更加流畅和稳定。同时，5G 技术还可以支持更多的设备连接和数据传输，为教育信息化提供更加全面的技术支持。大数据技术能够实现对教育数据的挖掘和分析，为教育决策提供更加科学和准确的数据支持。物联网技术可以将各种设备、物品和人员连接在一起，实现更加智能和高效的教育管理和服务。物联网技术的应用将有助于提升教育信息化的整体效能。

5.1.1 层次化教育数据汇聚，构筑区域教育数据大脑

随着大数据、云计算、人工智能技术的不断深入发展，"数据"逐渐成为推动未来教育科学研究和教学实践改革的核心要素，通过数据建模的方式实现精准教育评价与决策是目前以及未来教育研究的趋势。

但根据目前情况来看，无论是课堂学习还是线上学习，都只能对学生在特定学习时空中的学习行为数据进行片段式、碎片化的数据采集分析，无法满足常态化数据采集和建模分析的实际需要。而智能教育产品能实现多场景、全流程、多模态的教育数据感知、建模和预测，因此，以此构建区域教育数据大脑是目前利用新一代智能与数字技术，实现对多元学习场景中学生学业数据的精准采集和智能分析，增加数据采集的维度和粒度，实现多场景、过程性、伴随式的数据采集和建模分析，为构建区域教育数据大脑提供全景化的数据支撑。

智能教育产品可以实现对学生知识结构、认知水平、学习风格的全方位刻画，有助于构建面向个体和群体的学生画像，从个体、班级、学校、区域等多个层面全方位描绘学生的学业发展状况。此外，在人工智能技术与产品的支持下，智能教育产品还可实现对教师的教学风格、教学特色的全方位刻画，有助于构建个体和群体教师画像。管理者可面向教、学、管、评等多元业务场景，制定科学的教育干预机制，实现对区域教育生态系统的综合调控。例如，为学生推荐适切的学习资源和学习路径，助其实现个性化的自主学习；为教师推荐精准的教学改进策略，助其提高教学胜任力、实现高效能的课堂教学；为校长和区域教育管理者推荐科学的教育管理方案，助其进行精准的教育决策、管理等。

5.1.2 生成式人工智能教育应用

生成式人工智能指通过人工智能相关技术，自动化生成文本、图像、视频、音频等多类型内容。生成式人工智能具有启发性内容生成能力、对话情境理解能力、序列任务执行能力以及程序语言解析能力四项核心能力，可在教师教学、学生学习、教育评价以及学业辅导等方面进行教育应用。

5.1.2.1 生成式人工智能引导学习者思维可视化表达

基于生成式人工智能的一系列核心能力以及在教育方面可能的应用，在大语言模型支撑下的多番人机对话中，生成式人工智能将在引导学习者创意表达方面发挥优势与潜能。以下是生成式人工智能为学习者创意表达提供支持的三个方面。

首先，提供创意灵感。生成式人工智能可以根据学习者的需求和兴趣，提供各种创意灵感。如果学习者正在创作一部小说，AI 就可以根据学习者的需求提供一些有趣的角色设定、情节发展和背景故事等。学习者也可以根据自己的预设向 AI 提出自己的故事需求，让 AI 为自己的灵感提供特定的素材以供自己创作。

其次，提供创意工具。生成式人工智能可以提供各种创意工具，帮助学习者将他们的创意转化为实际的作品。AI 可以提供绘画、音乐、写作等工具，让学习者可以直接使用这些工具来创作。

最后，提供反馈和建议。生成式 AI 可以根据学习者的作品，提供反馈和建议，帮助他们改进他们的创意。AI 可以分析学习者已经生成的作品，指出其中的优点和缺点，提供改进的思路和建议。

以 ChatGPT 为代表的生成式人工智能正在以惊人的速度发展，将对教育产生深远的影响。国内推出的各种大语言模型都可运用于课堂教学以及在线学习，学生可通过不断与人工智能对话发展自身基于"chat"的思维可视化表达能力。

5.1.2.2 生成式人工智能助力语言学习

目前国内大多数中小学仍采用班级授课制进行课堂教学，一个班级几十名学生，对于教师来说，审阅和批改书面作业是一项非常耗时的任务，而为学生提供有益的反馈既极为重要，又是一项极具挑战的工作。在大语言模型的支持下，ChatGPT 一类的生成式人工智能既可以充当写作评估器，帮助教师为学生提供反馈，以支撑作文的构思和语言凝练，也可以充当虚拟学伴，围绕写作主题进行对话，解决学生写作过程中的问题，并提供加强议论文对话方面的提示，从而支持和辅助写作。人工智能系统还能为学生推荐符合他们兴趣的学习资料，进而提高他们的学习动力，改善学习体验。同时，这些系统有助于教师更好地理解学生的学习需求，解决传统教学模式难以做到的个性化教学。

在中小学，教师在课堂中使用的练习题和测验题，多源于题库或教学辅助系统，很少有一线教师自己根据所教班级学生的特点设计学生练习题和测验题。这虽然节省了教师的时间，但是可能会使得练习和测试千篇一律，缺乏时效性，难以贴近学生的真实学情。大语言模型也可应用于英语教学。首先，可帮助学生进行词汇学习。使用"英语单词记忆""英文小词典""英语单词记忆""单词助手"等助手，用户可在大模型对话框中，输入任何一个英文单词，大语言模型就会快速分拆英语单词，帮助记忆，并直接输出有关这个单词的一系列详细解释。其次，可帮助学生学习语法和练习表达。使用"英语表达助手""英语语法解析""英语语言学习指导"等助手，用户只需要输入一句中文，小助手就会把同样意思的英文表达方式罗列出来，不仅如此，这些助手还会给出一些日常使用中的高频词汇供选择使用，从而大幅度提升用户的英文表达的层次和水平。最后，大语言模型是一个可充当英语听力口语的练习平台。使用大语言模型的"英语口语老师"助手，可以让其扮演某种角色，实现模拟情景下的一对一英语口语听力练习。

5.1.3 虚拟仿真沉浸式学习场景应用

5.1.3.1 VR 全景技术在体育教学中的应用

VR 技术的引入可以打破传统体育教学中单纯依靠教师讲授及书本图册平面展示的局限性，能够将体育技能中的空间、技巧、方位等深层次的知识内容进行全方位描述，在体育技能的学习中使动作具体化和完整化，更能激发学生的表象能力。VR 技术能提供的虚拟仿真沉浸式学习场景，为学生提供一个自主探究学习的环境，这很好地解决了传统体育教学手段中教师讲授过多，学生被动重复性枯燥练习的状况。

（1）在技术训练中的应用

通过构造与模拟训练场景，突破传统体育教学中训练场地、硬件条件、气候天气、安全因素等多方面的限制，让学生获得接近身临其境的真实体验感，从而更好地完成教学目标。而且随着 5G 技术的发展，还支持通过 VR 设备与对手在虚拟场景中进行模拟对抗，提前熟悉对方的技术动作，找到对方弱点后完善自己，从而提高在真实比赛中的胜率。在比赛结束之后还能通过 VR 回顾功能，运用大数据对自己和对手进行复盘，总结自身不足之处，及时调整技战术的运用。

（2）在体能测评中的应用

在对学生进行技术动作、速度和体能的测评中，可以运用全景摄像机先将被测者的完整技术动作拍摄下来，然后上传到 MEC 边缘平台，之后利用人工智能的大数据算法为学生建立对应的体能数据模型，再把数据模型与高水平运动员的技术动作识别库进行对比分析，得出分析报告之后便可有针对性地对学生的动作和练习方法进行科学指导。特别是一些对精细技术动作要求较高的运动项目，更可通过人工智能摄像头对学生的技术轨迹全程进行细化捕捉，在动作练习完成后对学生的每个细微环节与规范动作进行还原对比，生成详细的个人体能和技术评测报告，确保后续制定的练习计划更加科学、准确。

5.1.3.2　虚拟实验赋能智慧课堂

虚拟实验是专为中小学教师打造的教学工具软件，可以使实验课程变得高效，涵盖了小学科学以及初高中物理、化学、生物的大部分实验内容。虚拟实验是利用计算机通过软件模拟现实实验中的内容进行实验操作，能有效降低实验药品、实验仪器带来的成本。学生可以先按照课本或教师预先设计的实验方案进行实验，为了能更清晰地观察到实验现象，学生可以通过自己的思考，来改变实验条件，得出不同的结论，有利于学生发散思维的培养，在实验中获得感性认识，最终获得知识。其灵活性不仅能让学生感受实验过程，发现实验结果，更能激发学生的学习动机，有意识地在实验中进行自主探究，提高学生的实验迁移能力。

虚拟实验能够有效还原微观世界中的物质以及物质之间的作用原理，化学学科中微观粒子间的反应、物理学科中电磁以及电流的产生、生物学科中器官和系统的构成等等难以还原和呈现的内容均可以通过虚拟实验让学生拥有更直观的感受。虚拟实验不受时间、空间的限制，学生可以根据自己的需要，选择实验内容，设计实验方案，随时随地进行实验。此外，使用虚拟实验室不存在安全性问题，学生可以放心大胆地进行模拟实验，研究物质的产生过程。

5.1.4　智慧课堂教学模式进阶发展

5.1.4.1　适应未来教育的智慧教学模式

中国方案的教育现代化倡导并践行智慧教育，而智慧教育的落地实施催生智慧教学新模式和智慧学习新方式。智慧教学模式是在智慧课堂环境下，教师创设学习环境和空间，深度融合和创新应用教学资源和教学技术，重构课堂教学组织和生态，为学生开展体验式学习、混合式学习和个性化学习提供精准指导的解决方案与流程。这种模式是学为中心、能力为先、创新教学和个性化学习理念引领下，教学双方基于智慧教育原理，深度融合与创新应用信息技术为高效学习赋能加力的教学活动构架、流程和策略的集成系统。

（1）个性化教学

个性化教学是智慧课堂环境下，教师针对个别化学情分析，即因个体的学习动机、兴趣、风格、习惯等个性化学习特质，精确制订阶段性学习目标和单元学习任务，并将课堂学习任务与学习资源、教学技术、学习组织、学习方式合理匹配和创新融合，以实现对学生的个性化指导和差异化发展的智慧教学模式。个性化教学设计分为个性化学情分析、确定目标及任务、资源导入和引入智能辅助系统、分组教学、个别化诊断、评估改进六个阶段。

（2）情境化教学

情境化教学是智慧课堂环境下，教师根据学习目标与任务要求，采取项目式学习（PBL）、研究性学习或基于项目式的跨学科学习（STEAM 教育），设计情境化课题，桥接和引入 VR/AR 技术和智能辅助教学系统，营造和创设真实情境，指导学生开展小组合作的探究体验式学习方式，以激发和培养学生创意思维、合作学习能力和问题解决能力的智慧教学模式。情境化教学设计应把握六个关键环节：一是设计情境化课题；二是创设真实情境和环境；三是能力分组和任务匹配；四是导入智能辅助系统；五是问题诊断和体验式学习指导；六是评估改进。

（3）混合式教学

混合式教学是智慧课堂环境下，教师基于在线课程资源平台，精确设计学习目标和任务清单，学生自主控制学习时间和进度的智慧教学模式。学生在线上完成学习任务并提出疑难问题，而线下学习主要通过答疑解惑、小组合作和拓展学习完成。混合式教学的实质是学习目标、课程资源、教学技术、学习方式和评价方式的线上线下结合，是"移动互联网 +"环境下创生的智慧教学模式。混合式教学设计应把握六个关键环节：目标导入，线上学习，在线互动，翻转课堂，深度学习和总结改进。

5.1.4.2 深度学习视域下的智慧课堂教学模式

基于深度学习的课堂教学以培育学生核心素养为教学目标，因此在进行整个教学环节的设计时，应明确各环节所要培养学生哪些具体的高阶思维和关键能力。基于深度学习的课堂教学坚持"以学为中心"的教学理念，因此在设置教学活动时，不仅要关注教师活动，更要从学生的角度出发，明确学生所要参与的活动有哪些，支持学生进行自我导向学习、个性化学习和探究式学习。基于深度学习的课堂教学强调教学活动应依托"真实问题情境"，因此在设计教学环节和教学活动时应将情境任务贯穿课堂始终，由浅入深，由易到难，不断引发学生的认知冲突，促使学生运用已有知识解决真实世界问题。基于深度学习的课堂教学主张采用过程性评价与结果性评价相结合的多元评价方式，因此应将评价渗透于课堂教学全过程，即课前采用诊断性评价，课中采用过程性评价，课后采用终结性评价。

基于深度学习的智慧课堂教学应在智慧教育环境下开展，以师生平板、电子白板、智慧教学平台等工具为依托，为师生提供丰富、优质的数字资源。课前阶段的教学环节为"自主学习、学情诊断"，课中阶段的教学环节包括"创设情境、问题初探""合作探究、疑难突破""变式训练、迁移应用""总结反思、认知升华"。课后阶段的教学环节为"练习辅导、拓展提升"，侧重培养学生的自主学习能力。

5.2　对策与建议

5.2.1　强化顶层设计与政策引领

5.2.1.1　加强顶层设计

要在现有规划和现状的基础上，围绕下一个周期的数字化赋能教学的发展，开展顶层设计。一是加强设计的前瞻性，紧随技术演进和教育发展的方向；二是要提高设计的系统性，系统规划数字化赋能教学的各项要素，统筹推进区（市）和城乡发展，避免各自为战；三是要建立统一的标准，围绕教学资源、教学数据、用户体系、安全保障等建立统一的标准，方便系统间数据资源交换；四是要突出应用的精准性，要通过全过程教学数据的汇聚，建立数字画像，助力精准性教学评价、实现资源推送和个性化教学。

5.2.1.2　强化资金支持

数字化赋能教学对资金需求较大，无论是硬件环境建设、软件系统还是教学资源，均需要持续稳定的资金支持，建立常态化资金投入机制至关重要。一是强化对数字化赋能教学领域的建设资金投入，保障数字化赋能教学的基本需要；二是保障数字化赋能教学领域的运维升级投入，解决设备维修更换、耗材补充等需要，保障数字化赋能教学的连续性；三是加强对农村薄弱学校的资金扶持，确保城乡基础设施的均衡性。

5.2.1.3　完善制度机制

制度机制建设是推进教学数字化应用发展的关键，需要进一步加强制度机制建设。一是要进一步完善信息化部门、教研部门和学校间协同推进机制，确保分工负责，协同推进；二是要探索建立应用绩效评估机制，形成数字化赋能教学应用评价体系，突出应用导向，关注区域、城乡差异，促进精准施策；三是要将数字化赋能教学成效纳入教育督导和学校评价，建立明确的政策导向，引导各级教育部门主动探索数字化赋能教学。

5.2.2　兼顾特色发展和区域均衡

5.2.2.1　强化服务全域、赋能教学的统一平台建设

针对区（市）、城乡间资金投入和建设水平的差异，要深入构建服务全域、赋能教学的统一平台，依托青岛教育 e 平台进一步加强数据资源汇聚，提升赋能教学的能力，为全市提供优质均衡的支撑服务。一是强化资源汇聚，打通整合国家中小学智慧教育平台、山东省教育公共服务平台和市、区（市）各级优质资源，实现体系化呈现，一张清单检索；二是强化数据集

成，打通汇集各级、各类教育数据，建立教育数据资源池，建立完善师生个人数字画像，为精准教学提供支撑；三是强化工具支撑，加强低代码平台、数据治理工具、智能分析工具、资源汇聚工具、资源检索工具、在线教学工具、作业管理工具等通用工具建设，满足区（市）、学校的个性化数据和资源应用需求；四是强化空间建设，针对教师、学生、教育管理者、家长建立适配角色需要的用户空间，适度体现区（市）、学校特色，支撑用户各类应用；五是强化应用推广和技术支持，切实提高青岛市教育系统应用平台支撑管理、赋能教学的意识和成效。

5.2.2.2　开展全过程支撑、多场景服务的精准资源建设

数字教学资源是数字化赋能教学的核心支撑，要加强资源建设，提高赋能全域教学的能力。一是要基于课程大纲、教材等构建各学科课程的多模态知识图谱，教育知识图谱构建完成后要与国家中小学智慧教育平台以及区域特色平台、系统进行关联互通，作为精准资源建设和个性化资源推送的基础；二是基于知识图谱建设面向备授课、自主学习、评价作业、课后辅导等细分场景的精准资源，要通过名师引领、分工建设等，建立覆盖各类场景、各个学科、各知识点的完整资源，供全青岛市用户使用；三是建立精准教学、网络教研、课后辅导等支撑系统，面向全域服务，贯通使用各类精准资源和教学数据，兼容各类终端设备，实现用户精准评价和资源个性推送。

5.2.2.3　鼓励自主建设、特色发展的个性化教学应用建设

在统筹服务、确保均衡的基础上，鼓励有条件的区（市）、学校先行先试，开展数字化赋能教学的试点探索，以进一步丰富数字化教学生态，满足个性化教学需要。在此过程中，区域教育管理部门要加强标准引领、系统整合、资源共享和成效评价，并通过"试点先行，典型引路"的方式将优秀模式进一步推广加强，扩大应用范围，服务更多用户。

5.2.3　提升教育管理者、教师和学生的数字素养

加快推进教师队伍建设数字化，重点要聚焦于以下四个方面。

5.2.3.1　提升数字素养

要持续提升教育管理者、教师的数字素养，借助人工智能、大数据、区块链等新一代信息技术，开发智能化、定制化的课程资源，充分发挥国家和区域教育公共服务平台的基础性作用，进行教育数字化人才队伍数字素养提升和专业技能训练。另一方面，要重点加强教育数字化专业人才队伍建设，通过培育数字化领航校长、首席信息官、数字化骨干教师，提升教育系统驾驭、引领数字化建设应用的能力。

5.2.3.2　加强数字化支持

要提高教育数字化设施的易用性和便利度，加强数字化实践过程中技术支持保障，最大程

度降低教育管理者和教师使用数字化的难度；同时基于当前人工智能发展浪潮，要探索教师队伍建设与人工智能深度融合的新模式和新路径，支持智能化教学、教研、管理、评价等教育活动中的人机协同和数据驱动。

5.2.3.3　推进教师数据治理，构建教师数字画像

建设教师发展数据体系，贯通各级、各类教师的相关信息系统，探索教师数据的伴随式采集、综合化分析和多样化应用，采集教育教学和成长发展中的教师数据信息，从专业能力、自身特点、成长历程等维度对教师个体与群体进行数字化描绘，提高教师队伍治理决策的科学化、精准化水平。

5.2.3.4　培养学生的数字素养，提升学生的互联网学习能力

要让学生认识到数字技术在日常生活和未来发展中的重要性，了解数字技术的优势和局限性，知晓如何利用数字技术提高生活和学习的效率，强化学生的数字意识。引导学生操作常用软件，使用搜索引擎、在线交流工具等，这些技能将有助于学生在数字化时代更好地学习和生活。要提高网络素养，使学生了解网络社交礼仪和网络欺凌等方面的知识，同时要让学生学会保护自己的隐私和安全。还需引导学生了解网络舆情和网络谣言等方面的知识，增强学生对网络信息的辨别能力。在生成式人工智能应用规模逐渐扩大且技术应用逐渐成熟的背景下，增加生成式人工智能在课堂教学中的应用，将培养学生的智能素养、创新思维和人工智能实践能力。

5.2.4　建立家长参与、社会支持的互联网学习氛围

数字化赋能教学涵盖了课前、课中、课后全过程，其中课前、课后环节均离不开家庭和社会的理解与支持。第一，要提高家长对数字化学习的认识。通过家长会、家庭教育讲座等方式，向家长普及数字化学习的概念、优势和必要性，帮助家长理解数字化学习对学生成长的重要作用。第二，建立良好的家校合作机制。学校和教师应主动与家长进行沟通，引导家长正确看待学生在学校使用数字化设备和学习资源的情况，共同关注学生的学习进展。第三，要鼓励学校和教师向家长推荐诸如国家中小学智慧教育平台中的各类资源、青岛市的精品课程资源、课后辅导资源等各种优质学习资源。第四，鼓励学生参与数字化学习活动，如引导区（市）和学校开展人工智能体验、科学实验、编程比赛等活动，提升学生的智能素养和对数字化学习的兴趣、能力。第五，制定合理的数字化学习规范，引导学校和家庭共同制订规则，规范学生的数字化学习行为，帮助学生养成良好的学习习惯和道德意识。第六，加强网络安全教育。通过网络安全教育，提高学生、家长和教师的网络安全意识，防范网络风险，保障数字化学习的顺利进行。

参考文献

［1］胡婧，杨光有，于玻，等 . "互联网＋教育"创新发展保障体系的框架探究［J］. 开放学习研究，2023，28（03）：9-15.

［2］陈凯泉，韩小利，郑湛飞，等 . 人机协同视阈下智能教育的场景建构及应用模式分析——国内外近十年人机协同教育研究综述［J］. 远程教育杂志，2022，40（02）：3-14.

［3］兰慧红 . 翻转课堂教学模式下学生在线学习行为与学习效果的相关性研究［J］. 创新创业理论研究与实践，2022，5（11）：24-27.

［4］教育部关于印发《教育信息化 2.0 行动计划》的通知［J］. 中华人民共和国教育部公报，2018（04）：118-125.

［5］王楠，乔爱玲 . 在线学习活动本质及理论基础探究［J］. 中国远程教育，2009（01）：36-40+78.

［6］黄荣怀 . 智慧教育的三重境界：从环境、模式到体制［J］. 现代远程教育研究，2014（06）：3-11.

［7］臧方青 . 青岛"智慧教育示范区"创建模式与实践研究［J］. 中国教育信息化，2023，29（03）：68-73.

［8］关于进一步减轻义务教育阶段学生作业负担和校外培训负担［N］. 人民日报，2021-07-25（001）.

［9］吴余，吴光明 . 智慧课堂赋能"双减"的内涵及应用策略探究［J］. 中国现代教育装备，2023（16）：19-21.

［10］苏国东 . 智能教学平台助推数学作业管理精准化［J］. 教育传播与技术，2022（06）：50-53.

［11］陈昱彤 . 点阵笔在小学语文课堂即时评价中的运用研究［D］. 西南大学，2024.

［12］连军，王晓鹏，郭丽丽．数码点阵技术支持下的互动课堂系统在高中物理教学中的实践应用［J］.中国现代教育装备，2017（22）：19-22.

［13］张燕虹．高质量学习：智慧纸笔系统赋能精准教学——以高中地理教学为例［J］.中小学信息技术教育，2022（11）：68-70.

［14］于文轩，马亮，王佃利，等．"新一代人工智能技术 ChatGPT 的应用与规制"笔谈［J］.广西师范大学学报（哲学社会科学版），2023，59（02）：28-53.

［15］郑世林，姚守宇，王春峰．ChatGPT 新一代人工智能技术发展的经济和社会影响［J］.产业经济评论，2023（03）：5-21.

［16］邱燕楠，李政涛．挑战·融合·变革："ChatGPT 与未来教育"会议综述．现代远程教育研究，2023，35（03）：3-12+21.

［17］焦建利．ChatGPT 助推学校教育数字化转型——人工智能时代学什么与怎么教［J］.中国远程教育，2023，43（04）：16-23.

［18］祝智庭，胡姣．教育数字化转型的实践逻辑与发展机遇［J］.电化教育研究，2022，43（01）：5-15.

［19］张缨斌，吴若乔，何雨轩，等．感知情境与人在回路的智能教育——《人工智能与教学的未来：见解与提议》要点与反思［J］.开放教育研究，2023，29（04）：11-20.

［20］陈凯泉，胡晓松，韩小利，等．对话式通用人工智能教育应用的机理、场景、挑战与对策［J］.远程教育杂志，2023，41（03）：21-41.

［21］祝智庭，戴岭，胡姣．高意识生成式学习：AIGC 技术赋能的学习范式创新［J］.电化教育研究，2023，44（06）：5-14.

［22］李悦萱．AIGC 技术在人工智能教学中的应用［J］.电子技术，2023，52（10）：108-109.

［23］陈玉琨．ChatGPT/ 生成式人工智能时代的教育变革［J］.华东师范大学学报（教育科学版），2023，41（07）：103-116.

［24］翟雪松，楚肖燕，焦丽珍，等．基于"生成式人工智能 + 元宇宙"的人机协同学习模式研究［J］.开放教育研究，2023，29（05）：26-36.

［25］汪张龙．认知智能大模型加速教育考试数字化转型［J］.中国考试，2023（08）：11-18.

［26］陈玮，罗庆跃，王晓芳，等．虚实结合的单片机教学案例创新研究与实践［J］.电脑与电信，2015（03）：29-30+52.

［27］刘心红，郭福田，孙振兴，等．Proteus 仿真技术在单片机教学中的应用［J］.实验技

术与管理，2007（03）：96-98+102.

［28］徐峰.基于虚拟仿真技术的新形态教材数字化应用［J］.数字通信世界，2023（09）：101-103.

［29］章欣.K 公司 K12 教育虚拟化产品的营销策略研究［D］.江西财经大学，2019.

［30］柯健，刘畅，周德富，等.面向智慧家庭的虚拟体验系统的研究与开发［J］.软件工程，2019，22（01）：31-33+7.

［31］刘俊峰.虚拟现实在现代教育技术中的运用［J］.信息与电脑（理论版），2020，32（02）：142-143.

［32］吕伟才，余学祥，徐克立.虚拟实验室与虚拟仿真实验在测绘教学中的应用［J］.互联网周刊，2023（22）：78-80.

［33］蒋德军，赵雪妍，张书琪，等.教育元宇宙促进创新思维培养的学理阐述及实践路径研究［J］.当代教育论坛，2024（01）：10-18.

［34］赵雪梅，钟绍春.具身认知视域下促进高阶思维发展的多模态交互机制研究［J］.电化教育研究，2021，42（08）：65-71+87.

［35］范佳荣，钟绍春.人工智能技术引领下课堂教学数字化转型的本质认识、实践困境与突破路径［J］.教育科学研究，2023（04）：11-18.

［36］刘革平，王星，高楠，等.从虚拟现实到元宇宙：在线教育的新方向［J］.现代远程教育研究，2021，33（06）：12-22.

［37］蔡苏，焦新月，宋伯钧.打开教育的另一扇门——教育元宇宙的应用、挑战与展望［J］.现代教育技术，2022，32（01）：16-26.

［38］兰国帅，魏家财，黄春雨，等.学习元宇宙赋能教育：构筑"智能+"教育应用的新样态［J］.远程教育杂志，2022，40（02）：35-44.

［39］薛耀锋，朱芳清，王坤.元宇宙：下一代学习空间［J］.基础教育，2022，19（02）：23-32.

［40］钱小龙，宋子昀，黄蓓蓓.沉浸式大学智慧校园的整体实现：理论构建与实践探析［J］.重庆高教研究，2023，11（05）：49-61.

［41］张文超，袁磊，闫若婻，等.从游戏化学习到学习元宇宙：沉浸式学习新框架与实践要义［J］.远程教育杂志，2022，40（04）：3-13.

［42］姚雅楠，朱江.基于重构主义的教育元宇宙课堂研究［J］.教学与管理，2023（33）：5-10.

［43］杜娟.智慧教育生态空间：教育融通空间的升级转型［J］.现代教育技术，2023，33

（11）：38-46.

［44］伍盈．从 2019 两会报道看媒介融合中的用户思维［J］.出版广角，2019（20）：68-70.

［45］韩雪，晏素芹，孔小满.5G 环境下智慧课堂及教学资源库建设研究［J］.福建电脑，2023，39（12）：69-74.

［46］黄荣怀.论科技与教育的系统性融合［J］.中国远程教育，2022（07）：4-12+78.

［47］张立国，王国华.中国教育信息化的科学内涵、阶段特征及演进逻辑［J］.当代教师教育，2019，12（01）：26-33+51.

［48］余胜泉.教育数字化转型的关键路径［J］.华东师范大学学报（教育科学版），2023，41（03）：62-71.